Idea
man

Idea man

Idea man

Idea man

一流、二流、三流的說話術

破冰、交流、拓展人際，跟誰都聊得開的45個訣竅

雑 談 の 一 流 、 二 流 、 三 流

日本能力開發推進協會
上級心理諮商師
桐生稔 著
邱香凝 譯

推薦

說對話，拉近彼此的距離
說錯話，馬上被眾人隔離

今年入秋，一位企業客戶Eric邀請我與他的核心團隊，一起到汐止山上的新家作客，感謝這兩年對他們公司的協助。

當天我們約在南港捷運出口，再搭Eric的車上山，從車上開始一路閒聊，到停車場時還在聊。當主人開門讓大家進入時，我本能反應地從家裡的裝潢與擺設，來了解Eric與他家人的生活方式與喜好。當看到客廳的高規格視聽裝備，自然會想看看他的影音收藏，雖然現在大都使用串流影音平台，我還是會好奇Eric平常有什麼喜好。

在音響收藏櫃下方有很多ＣＤ、ＤＶＤ，還有幾片藍光收藏。「哇！Eric，你有這片歌劇魅影二十五週年紀念舞台版藍光！」我說。

「對啊！東明你喜歡啊！」

「喜歡啊！我最大的遺憾就是去英國自助行時，沒能去看場歌劇，不過在台灣演出時我都有看，可惜的是二〇〇六年在國家戲劇院演出的六十三場，我沒有買到票……」就這樣我們聊了三十五分鐘，我只聊了以上寫出來的內容，其他都是Eric跟我分享他在英國旅行時看歌劇的趣事，「所以我才買這張二十五週年歌劇魅影藍光片，東明你有看嗎？」

「當然有啊！這部二十五週年藍光片，最讓我感動的是後面謝幕的彩蛋，當飾演女主角克莉絲汀的莎拉・布萊曼現場獻唱時，現場觀眾的激動，還有從過去到現在《魅影》四個版本的四位男主角一起合唱的畫面，都讓我很感動啊！」就這樣我們又聊了五十分鐘。

或許這話題開啟了很多Eric過去美好的記憶，從用餐到下午茶，從唸書到創業，再從普洱茶跟茶具的收藏，再到個人的藝術品珍藏，前前後後聊得非常盡興，同時也拿下明年的合作合約。

這場聚會，我有講到我的工作專業？有講到工作合約？都沒有喔！只有在吃飯時Eric問我，今年疫情期間，對我的工作有影響嗎？事後Eric的團隊覺得不可思議，因為在他們心中，Eric是個不多話的人，我卻可以讓他這麼開心，講這麼多話。

工作的關係，我會到各行業做銷售與溝通的培訓，在課程中，我會觀察那些業績好的學生，他們身上有什麼特質？跟其他同事有什麼差異？為什麼客人指定總是特別多？我發現除了讓人覺得專業、具親和力之外，最關鍵的原因就是用「聊天」拉近與客戶之間的距離，建立好感與信任，當信任感有了，接下來要推薦什麼商品更容易成交。

聊天不是自己很嗨、漫無目的地尬聊，厲害的人不是自己說很多，而是讓對方說很多，且說得開心，過程中還可以收集客戶的關鍵訊息，例如客戶的喜好、興趣……等。

這本《一流、二流、三流的說話術》把跟人的互動聊天，分成三個層級的觀點，有系統地分析拆解，透過一句我們常說的話，如何優化成一流人士的說法。如果在工作生活中，懂得善用書上寫到的方式，累積自己的獨有談話資本，我相信更能提升你在客戶與朋友心目中的好形象。

王東明

企業講師、口語表達專家

前言

我被貶職了

高中時，我在班上總是考第一，當過學生會長，任何運動都難不倒我。

我認為自己算是比較優秀的那種人。

這樣的我，大學畢業就職三個月後，就被貶職了。

為什麼會被貶職？因為我的業務成績老是吊車尾。

我不敢打電話給可能成交的客戶，因為我討厭被拒絕。

我最討厭在主管陪同下跑業務，因為讓主管聽到我跟客戶說什麼是一件很痛苦的事。

做什麼事我都只想到自己，無法採取行動，這樣的我當然業績掛零。

進公司才三個月，上頭就對我說：「你從下禮拜開始調到鄉下分公司。」

■我成為業績冠軍

調到鄉下分公司後，公司要我去跑業務，開拓新客戶。

在開拓新客戶這件事上，我幾乎都吃閉門羹，有時還會被客訴，很快就產生了抗拒心理。

所以，我決定只拜訪已經有往來的客戶。

首先，我每天早上前往第一個客戶公司，花五分鐘跟負責窗口閒聊。

八點再去另一間公司，一樣在那裡和負責窗口閒聊。

九點再跑另一間公司……

我每天只做這件事。

明明只做這件事，已有生意往來的客戶竟然陸續介紹新客戶給我。

不知不覺一年後，我當上地區經理。

調到鄉下分公司兩年後，我負責的地區成為全國一千兩百家分店中，業績最好的地區。

■我成為教人溝通技巧的講師

幾年後，我從人力派遣公司離職，進入完全不同領域的音樂補習班擔任櫃台人員。

音樂補習班有幾百個講師。

我每天都在休息室跟那些講師們天南地北閒聊，聊得大家哄堂大笑，氣氛十分熱絡。

然而，我在音樂方面是個完全的門外漢。所以，我跟講師們聊的都不是音樂相關話題。

這樣的我，卻在進公司三年後當上事業部長。

二〇一七年，我創立了「Motivation & Communication」學校。

我原本對他人不感興趣，是個滿腦子只有自己的膽小鬼，如今卻創立了「Motivation & Communication」學校，在全國三十五個行政區發展事業。

人生會變成怎樣，真是無法預料。

我們總以為，擅長說明的人業績一定好，擁有專業知識與技術的人工作升遷快……但現實並非如此。

好的商品未必能暢銷，就像長得帥的人未必受歡迎。

比起「傳達了什麼內容」，能打動人心的往往是「和對方建立了何種關係？」。

與他人建立良好關係的關鍵，正是本書的主題——「閒聊」。

閒聊的閒，指的是「天南地北，漫無目的」，聊就是「談話」。

然而，為什麼不寫成「聊話」呢？

談話的談由「言」與「炎」組成。換句話說，談話這件事，就是要為彼此的關係點火。

建立關係的方法，根據人類心理的不同有著固定模式。

一流人士都能明確掌握其中的成功模式。

本書使用我在「Motivation & Communication」學校提供給全國三萬名學生，一套運用閒聊技巧加深人際關係的「閒聊訣竅」。

只要閱讀本書，一定能明白自己「人際關係為何不順利」。

同時，只要實踐書中任何一個方法，您一定也能獲得過去未曾體驗的良好人際關係。

願日常生活中的閒聊成為改變你人生的引信，趕快開始閱讀本書吧。

請務必從您感到好奇的章節開始閱讀。

目次

推薦　說對話，拉近彼此的距離　說錯話，馬上被眾人隔離　王東明　7
前言　11

CHAPTER 1 如何展開閒聊

第一句話
三流的人從「今天很熱呢」開始，
二流的人從「聽說今天會熱到超過三十度喔」開始，
一流的人會從什麼開始呢？　30

第一次接觸
三流的人等人家開口，
二流的人先開口說話，
一流的人會先做什麼？　34

初遇的寒暄
三流的人打個招呼就結束，
二流的人打完招呼還會多說句話，
一流的人會怎麼做？
38

找不到話題時
三流的人急忙找話題，
二流的人從「常見的話題資料庫」找話題，
一流的人從哪裡開始找話題？
42

閒聊前的準備
三流的人什麼都不準備，
二流的人準備閒聊話題，
一流的人準備什麼？
46

如何記住名字
三流的人老是忘記別人名字，
二流的人會為名字找尋意義，
一流的人如何記住別人的名字？
50

CHAPTER 2

如何拓展話題

閒聊高手
三流的人目標是成為閒聊高手，
二流的人目標是成為聆聽高手，
一流的人的目標是什麼？ 56

蒐集話題材料
三流的人不蒐集話題材料，
二流的人事先蒐集，
一流的人會怎麼做？ 60

提問品質
三流的人不經大腦問出難以回答的問題，
二流的人提出模稜兩可的問題，
一流的人問什麼？ 64

提問時遣詞用字
三流的人連問題都問不好，
二流的人一味提問，
一流的人會怎麼問？ 68

無話可說時

三流的人默不吭聲，
二流的人勉強找話題，
一流的人會怎麼做？

72

延續話題的讚美之詞

三流的人只知讚美，話題接不下去，
二流的人打算用讚美之詞讓話題延續，
一流的人用什麼方式延續話題？

76

讚美的時機

三流的人找不到讚美的時機，
二流的人硬是提出讚美，
一流的人讚美對方什麼？

80

如何縮短距離

三流的人總是與人有所隔閡，
二流的人找尋與對方的共通點來縮短距離，
一流的人用什麼方法縮短距離？

84

CHAPTER 3

聆聽的方法與做出的反應

聆聽對方說話時
三流的人根本沒認真聽，二流的人用耳朵聽，一流的人用什麼聽？ 90

做出什麼反應
三流的人毫無反應，二流的人邊聽邊點頭，一流的人怎麼反應？ 94

滿足認同需求
三流的人無法滿足對方的需求，二流的人頻頻稱讚「好厲害！」，一流的人如何滿足對方的認同需求？ 98

如何應對負面話題
三流的人聽聽就算，二流的人隨對方起舞，一流的人會怎麼做？ 102

CHAPTER

4

如何炒熱閒聊氣氛

意見不同時

三流的人反駁對方，
二流的人附和對方，
一流的人會怎麼做？

106

網路社群

三流的人對一切視而不見，
二流的人重複話題，
一流的人如何回應？

110

節奏

三流的人自說自話，
二流的人講幾分鐘後交給對方接棒，
一流的人講多久交棒？

116

說明
三流的人想到哪裡說到哪裡，
二流的人試圖完整說明，
一流的人會怎麼做？
120

吸引對方注意
三流的人說話時什麼也不想，
二流的人想用有趣話題吸引對方注意，
一流的人用什麼吸引對方？
124

搞笑
三流的人不好笑，
二流的人思考講什麼才好笑，
一流的人講什麼逗樂對方？
128

與複數對象談話時
三流的人照本宣科，
二流的人以文字說明情景，
一流的人如何說明？
132

說自己的事時
三流的人自顧自地說，
二流的人想把事情說得有趣，
一流的人會怎麼做？
136

閒聊時間較長時
三流的人沒有特定主題，
二流的人找對方感興趣的主題，
一流的人會以什麼為主題？
140

察言觀色
三流的人不懂察言觀色，
二流的人配合對方臉色，
一流的人會怎麼做？
144

聚餐時
三流的人態度被動，
二流的人拚命想炒熱氣氛，
一流的人會怎麼做？
148

CHAPTER

5 如何討對方喜歡

姿勢

三流的人背對對方，
二流的人看著對方，
一流的人會用什麼朝向對方？ 154

肢體語言

三流的人說話不帶動作，
二流的人說話帶大動作，
一流的人會怎麼做？ 158

自我揭露

三流的人完全不自我揭露，
二流的人揭露百分之百的自我，
一流的人如何自我揭露？ 162

與長輩接觸的方法

三流的人不去討對方喜歡，
二流的人強調自己的工作能力，
一流的人會怎麼做？ 166

CHAPTER

6

如何給人留下好印象

與長輩閒聊

三流的人畏縮不敢言，
二流的人一味拍馬屁，
一流的人會怎麼做？

170

如何與不喜歡的主管相處

三流的人盡可能不靠近對方，
二流的人只在談公事時靠近對方，
一流的人會怎麼做？

174

留下印象

三流的人過度宣傳自己，
二流的人低調宣傳自己，
一流的人會怎麼做？

180

留下記憶
三流的人沒有特色，
二流的人以「萬能角色」留下記憶，
一流的人會以何種角色留下記憶？
184

最後一句話
三流的人只說「那就這樣」，
二流的人會加上「今天很開心」的感想，
一流的人會說什麼？
188

爭取再次見面機會的訣竅
三流的人只會普通地說「再見」，
二流的人會取得再次見面的約定，
一流的人會怎麼做？
192

臨別之際
三流的人輕輕點頭示意，
二流的人深深鞠躬敬禮，
一流的人如何目送對方離去？
196

CHAPTER

7 閒聊高手的心態

對對方的興趣

三流的人不感興趣，二流的人勉強自己感興趣，一流的人會怎麼做？

202

自信

三流的人沒有自信，二流的人以肯定自我的方式培養自信，一流的人如何培養自信？

206

自我投資

三流的人不學習，二流的人學習是為了獲得知識，一流的人為何而學習？

210

成功的祕訣
三流的人說是天賦才能，
二流的人說是堅定意志，
一流的人會說是什麼？
214

熱情
三流的人不燃，
二流的人可燃，
一流的人如何燃燒？
218

結語
223

CHAPTER

1

如何展開閒聊

第一句話

三流的人從「今天很熱呢」開始，二流的人從「聽說今天會熱到超過三十度喔」開始，一流的人會從什麼開始呢？

各位有這樣的經驗嗎？

自己：「今天好熱呢。」
對方：「是啊，滿熱的呢……」（沉默）

自己：「今天很熱呢，聽說會超過三十度喔。」
對方：「三十度啊，難怪這麼熱。」
自己：「是啊……」（沉默）

講沒兩句就陷入沉默的對話與自然而然延續下去的對話，一流人士的對話當然屬於後者。那麼，開始對話時究竟要注意什麼呢？

其實，重點很明確。

在解決這個問題之前，請先回答我一個問題。

你認為每個人最感興趣的對象是誰？是心愛的偶像？還是始終當成競爭對手的同學？

其實都不是喔，每個人最感興趣的對象是「自己」。

舉例來說，學生時代參加教學旅行時拍的團體照，你第一眼找到的，會是喜歡的女生還是自己的臉？找到自己的速度一定比較快吧？

再舉一個例子，自我介紹和介紹別人，哪一種做得比較好？一定是自我介紹吧，因為自己的事自己最了解。

每個人最在意的都是自己，談及自己的事也最容易。應該說，大家都很想講自己的事，一流人士非常明白這一點。

仔細研究一流人士說的話，會發現他必定將對話主題集中在對方身上，例如這樣的對話：

「今天很熱呢，聽說會超過三十度喔，你怕不怕中暑？」

「今天真的很熱呢，冷氣會不會開太強了？溫度這樣你可以嗎？」

「今天也太熱了吧，不過○○先生您感覺就是『夏天的男人』，您喜歡夏天嗎？」

像這樣，**一定會將對話的箭頭朝向對方，做出讓對方容易回答的主題設定**。

你身邊是否也有讓人感到「跟這個人說話時，不知不覺就說了好多」的人呢？如果有的話，請務必注意與他閒聊時的內容，你會發現，他一定都將對話主題集中在你身上。

閒聊高手技巧

一流的人，
會先把焦點放在對方身上，
再展開對話。

✔

開啟話題時，以對方為話題中心。

第一次接觸

三流的人等人家開口，二流的人先開口說話，一流的人會先做什麼？

看刑警偵探影集時，經常出現辦案警官與犯人談判的場景。這種時候，警官多半使用「提問」方式進行談判。

提出問題，就可以引出答案，一步一步逼得犯人無處可逃。

即使是普通影集，也常看見配角問主角「最近過得如何？」主角回答問題時，聚光燈自然打在主角身上。

人一旦被問了什麼就會想回答。

比方說，被問到「今天中午吃了什麼？」腦中就會瞬間思考起自己今天的午餐。

在學校課堂上，老師一問「二加二等於多少？」學生就會回答。我們活在「被問了什麼就要回答」的習慣中。

一流人士非常明白這個習慣，他們懂得**巧妙運用提問的方式引出對方話題，引導話題進行**。

事實上，對話時握有主導權的不是說話的一方，而是提問的一方。

我前一份工作的主管，是業績全國第一的頂尖業務，跟這位主管一起去跑業務時——

「社長，您好！社長最近換新沙發了是嗎？」

「所長，好久不見！話說回來您曬得還真黑呢，是打高爾夫球曬的嗎？」

就像這樣，他一定會搶先拋出問句。

以前我曾參加某大型人壽保險公司頂尖業務員主辦的交流會。那位頂尖業務碰到每一位出席者都說：「歡迎，最近好嗎？」懂得發問的人，總是能掌握對話的主導權。

各位知道矽谷的傳奇「教練」比爾．坎培爾（Bill Campbell）嗎？

他被譽為蘋果前執行長史提夫．賈伯斯及Google前執行長艾力克．施密特之師，施密特等人所著《教練：價值兆元的管理課，賈伯斯、佩吉、皮查不公開教練的高績效團隊心法》（*Trillion Dollar Coach：The Leadership Playbook of Silicon Valley's Bill Campbell*）是一本非常有名的書。

比爾．坎培爾在進行指導時，一定會從這個問句開始：

「How are you? What are you working?」（最近如何？現在正在進行什麼工作？）

搶先提問，被問的人一定會回答。

一流人士懂得徹底執行這個簡單至極的法則。

閒聊高手技巧

一流的人會提問。

✔ 引導出讓對方容易發言的對話。

初遇的寒暄

三流的人打個招呼就結束，二流的人打完招呼還會多說句話，一流的人會怎麼做？

從寒暄開始閒聊的例子也很常見。

舉例來說，一到公司就跟主管道早安。在前往公司的電車上巧遇同事時打個招呼。向第一次見面的客戶寒暄致意。

這種時候，如果只說一句「早安」就結束，對話將無法延續。各種溝通書籍與講座都會教大家，這時要「在打完招呼後多說一句話」。例如這樣：

．向主管打招呼時：「早安。昨天忙到那麼晚，真是感謝您了。」

．向同事打招呼時：「早啊！昨晚的聚餐玩得開心嗎？」

・向客戶打招呼時：「您好，能見到您是我的榮幸。」

像這樣，在寒暄之後多加一句話。

這個做法確實不壞，不過……

「早安。昨天忙到那麼晚，真是感謝您了。」→「謝啦。」→（沉默）

「早啊！昨晚的聚餐玩得開心嗎？」→「開心啊……」→（沉默）

「您好，能見到您是我的榮幸。」→「我也很高興見到你……」（沉默）

諸如此類，對話無法繼續下去的狀況還是佔大多數。

想要自然而然展開對話，光是打招呼還不夠，得多下一道工夫才行。我稱這道工夫為**「多加兩句」**。**打完招呼後，最好多加兩句話**。

「早安。（打招呼）昨天忙到那麼晚，真是感謝您了。（第一句話）話說回來部長，您體力真好耶！（第二句話）」

「早啊！（打招呼）昨晚的聚餐玩得開心嗎？（第一句話）那麼做是不是鬧過頭了啊？（第二句話）」

「您好，（打招呼）能見到您是我的榮幸。（第一句話）早就久仰大名了。（第二句話）」

寒暄後不但要多加一句話，還要加上第二句話才行。

試著想像寒暄語的後面有兩個空白箱子，一定要填滿這兩個箱子。

寒暄＋①□＋②□

「好久不見！①最近過得好嗎？②我們幾年沒見了？」

「午安。①每次看到你都很有活力耶，②我得向你看齊才行。」

「嗨！①你好嗎？②最近忙不忙？」

就像這樣，在對話中加入閒聊的題材。

要在空白箱子裡裝什麼都可以，閒聊的內容將視裝入的題材而定。

一流的人擅長取得先機。這裡的先機，指的是先打造出一股讓對方易於開口的氛圍。閒聊始於寒暄，打完招呼後說的兩句話，就像踩下對話的油門，讓對話能夠順利上路。

閒聊高手技巧

一流的人，會在打完招呼後多說兩句話。

✔

從最初的寒暄開始，順暢地展開閒聊。

找不到話題時

三流的人急忙找話題，二流的人從「常見的話題資料庫」找話題，一流的人從哪裡開始找話題？

和初次見面的人聊天時，經常因為「一開始不知該說什麼才好……」感到困擾吧。此外，在電梯裡遇到每天都會說話的主管時，也會因為「無話可說」而陷入尷尬的氣氛。

日本有個關於「閒聊哏」的歇後語：「站在木門旁掛衣食住」。這句話本身沒有意義，只是取「季節」、「興趣」、「新聞」、「旅遊」、「天氣」、「家庭」、「健康」、「工作」、「衣物」、「飲食」、「住宅」的第一字合成諧音歇後語（注），指這些可用來當作閒聊內容的題材，我們也可說這句話是「常見的話題資料庫」。

然而，今天聊季節、明天聊興趣、後天聊新聞……每次閒聊都要從這個資料庫裡找題材也很累人吧。再說，題材種類太多，也讓人無法完全記住。

一流的人總是走在萬無一失的道路上。所謂萬無一失的道路，在這裡指的就是**「任誰都會感興趣的閒聊話題」**。用新聞內容當閒聊題材時，總會遇到不知道那件事的人。用旅遊話題當閒聊題材時，也可能遇到「我對旅行沒什麼興趣」的人。就算拿天氣當話題，每次都聊天氣也會膩吧。

那麼，「任誰都會感興趣的閒聊話題」究竟是什麼？

其實就是人類每天必做的五件事：

一、吃；二、動；三、工作；四、花錢；五、睡覺。

當然也有出於某種原因，完全不做上面五件事的可能性，但基本上這五點是人類每天都會做出的行為。人類每天都會做的事，對人類來說就是重要的事。既然是重要的事，當然任誰都會感興趣了。只要用人人感興趣的事當閒聊話題，無論和誰閒聊都容易聊開來。上班途中巧遇主管時，也可以用這五個「萬無一失的話題」，展開各方面的閒聊內容。

一、吃……「最近您好像很忙，中午有時間好好吃午餐嗎？」、「您最近都去哪裡吃午餐啊？」

二、動……「您最近有做什麼運動嗎？我完全沒在運動呢～」、「〇〇先生每天都幾點起床啊？」

三、工作……「最近您好像都很晚下班呢～」、「現在您花最多時間進行的是哪項業務呢？」

四、花錢……「我錢都存不起來，〇〇先生都怎麼理財啊？」、「您最近有做什麼自我投資或有其他嗜好嗎？」

五、睡覺……「您最近睡得好嗎？」、「您睡眠品質算好的嗎？」、「放假時有沒有好好休息呀？」

準備大量話題，像機關槍似的說個不停的人，和拿自己也有興趣的事當閒聊話題的人，哪一種人比較好聊呢？閒聊時，最重要的是打造一個讓對方如沐春風的空間。

比起閒聊內容，聊天時「讓人感覺自在愉快」才是一流的人。

注／原文是「木戸に立てかけし衣食住」（KiDoNiTaTeKaKeShiIShokuJuu），日文發音分別是「季節」、「興趣」、「新聞」、「旅遊」、「天氣」、「家庭」、「健康」、「工作」、「衣物」、「飲食」、「住宅」的第一字。

閒聊高手技巧

一流的人
會尋找「每天都做的事」
當話題。

✔

拿人類每天都會做的五件事當話題吧。

閒聊前的準備

三流的人什麼都不準備，二流的人準備閒聊話題，一流的人準備什麼？

你身邊是否也分成「好搭話」跟「不好搭話」兩種人？

想釐清兩者有什麼差異，不妨參考一九九四年於美國上映的電影《摩登大聖》（*The Mask*）。擔任主角的金凱瑞（Jim Carrey），因為這部喜劇電影而大放異彩，晉身巨星行列。

金凱瑞戴上面具時臉上豐富的表情，在戲院裡逗得觀眾爆笑連連。只要一個表情就能為他人帶來如此歡笑，讓人充滿活力。

說到豐富的表情，就不得不提迪士尼樂園裡的「米奇」。每天都有人排隊等著進迪士尼樂園玩，米奇身邊總是擠滿遊客。如果米奇板著一張臉或面露恐怖表情，誰也不會想圍繞在他身邊吧。

以前我常去的咖啡店有一位很受歡迎的女店員。明明店裡還有其他店員，不知為何，客人只愛找這位女店員搭話。

「為什麼大家都喜歡跟這位女店員說話呢？」我疑惑地觀察起店員們。

答案很快就出現了，那就是這位店員「瞬間的表情」。

客人一踏進店內，這位店員立刻露出「看到您再次光臨真令人開心！」的表情，不用說一句話，光靠表情就傳達了她的心情。

而且，這發生在客人剛踏入店內，與她四目交接的那一瞬間。

舉例來說，那就像是去參加同學會，與睽違二十年的同學重逢時，第一眼見到彼此的當下，臉上出現「啊！好久不見！你好嗎？」的表情。

眼睛睜得大大的，嘴角上揚，臉上寫著「見到你好開心」，而且是在見到客人進門那一瞬間，零點幾秒內就露出的表情。

看過這個表情的客人，在那一瞬間就成為她的粉絲了。

和別人見面時，你第一眼看對方的哪裡？

毫無疑問的，一定是臉上的表情。

只要看到表情，瞬間就會判斷「這個人很好搭話」或「這個人很難搭話」。就算你準備了再多閒聊話題，只要對方沒對你敞開心房，對話就持續不下去。

經驗豐富又懂得自我鑽研的人，**隨時都在探索「對方想看的是哪種表情？」**

將注意力高度集中在自己的表情，用表情傳達「見到你太開心了」，這就是一流人士的技術。

閒聊高手技巧

一流的人，
會事先準備好
能讓對方
自在談天的「表情」。

✔

用臉上的表情傳達「見到你真開心！」

如何記住名字

三流的人老是忘記別人名字，二流的人會為名字找尋意義，一流的人如何記住別人的名字？

以前明明見過面卻想不起對方的名字、長相和姓名對不起來……大家都曾有過這類經驗吧。沒有比想不起對方名字更尷尬的事了。

「賦予意義」是幫助人類記憶的一個好方法。

比方說，認識了一位「松川先生」，就為他的名字賦予「松木如河川一般流過」的意義，或是把對方的名字與和對方談話的內容一起留下紀錄。不過，每次都要為談話對象的名字定義可不容易。

這裡想教大家一個隨時都能執行且容易留下記憶的方法。這也是大家從小到大一直在做的事，那就是「重複」。**重複多叫幾次，就能記住對方的名字**。

人類經常透過重複閱讀或反覆記誦來穩固記憶，背誦九九乘法表就是一個典型的例子。拜多次反覆背誦之賜，我想應該很少人會忘記九九乘法。

我擁有在十秒內說出日本四十七都道府縣的特技。這是因為小學時在社會課上複誦過好多次。

自己的名字也是如此。應該沒有人不會寫自己名字吧？這也是因為從小到大重複寫過無數次的緣故。就算現在寫不出「檸檬」兩個字，只要從現在開始重複寫個幾次，下回就寫得出來了。

那麼，「重複」這招要如何用來記住別人的名字呢？那就是**「在對話中複誦對方的名字」**。舉例如下：

「您是田中先生吧，久仰大名。田中先生您是哪裡人？」

「欸～原來是這樣啊。田中先生不太怕冷嗎？」

「田中先生從事什麼工作呢？」

「這樣啊～有田中先生您這樣的人在，公司氣氛一定很開朗。」

「今天能和田中先生聊天，真是太開心了。」

像這樣在對話中不斷提及對方名字，就是用「重複」這招來讓自己留下深刻印象。到了高手等級，見面之後還會在電子信件中寫下：

「田中先生，今天非常感謝您撥冗見面。和田中先生談天非常開心，田中先生說的話帶來許多刺激，時間感覺一下就過了。希望下次還有機會和田中先生見面。」

雖然寫成這樣有點太極端，但就是要像這樣，以反覆提及的方式記住對方的名字才行。

各位知道艾賓浩斯的「遺忘曲線」嗎？隨著時間的經過，人會漸漸忘記原本記得的事物。反過來說，只要立刻重複複習，記憶就能保存得更長久。

名字也是一樣，立刻複誦就能有效記住。有人會問，對話中的「立刻」指的是什麼時候？毫無疑問的，就是對話當下。

一流的人深知名字的重要性，也深知當人們發現自己的名字被遺忘時，「遭到否定」的感覺有多麼強烈，甚至會產生自我否定、自我厭惡的心情。所以，請各位務必運用記憶術中最常用也最好用的「重複」，將他人的名字深深烙印在腦海中吧。

閒聊高手技巧

一流的人用「重複」的方式記住別人的名字。

✔ 聽到對方的名字後，
當場複誦幾次，加深記憶。

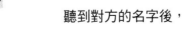

CHAPTER

2

如何
拓展話題

閒聊高手

三流的人目標是成為閒聊高手，二流的人目標是成為聆聽高手，一流的人的目標是什麼？

這世界上有很多人博學多聞，或被稱為雜學王，聊天時話題彷彿取之不盡用之不竭。其中也有精通某方面知識的「〇〇阿宅」，只要提到自己專長的領域，話匣子一打開就關不起來。

然而，這種機關槍連珠砲似的說話方式，無法創造令人如沐春風的談話空間。

那麼，乾脆不要說話，徹底傾聽對方說話呢？

如果只是嘴上說著「嗯、嗯」頻頻點頭，有時反而讓說話者懷疑「這人真的有在聽嗎？」夫妻吵架時經常出現「喂！你有好好聽我說的嗎？」「我有啦！」的對話，就是這種態度引起的。

既然如此，到底該以哪種高手為目標才好？答案是……成為「讓對方想說話的高手」。

和朋友聊天時，覺得時間一轉眼就過了，各位一定也有這樣的經驗吧？這樣的朋友就是這種「讓對方想說話的高手」。

比起聽別人說話，人們往往覺得自己說話的時間過得比較快。因此，愈能創造一個讓對方忍不住想說話的空間愈厲害。

為什麼一流的人特別容易達成這點，重點就在他們善於使用「連接詞」。

「聽說○○先生您打了十年的網球？這樣的話（連接詞），您從學生時代就開始打網球囉？」

「這麼說來（連接詞），您是特別注重健康的那類人囉？」

「順便問一下（連接詞），您還會做其他運動嗎？」

「這樣的話」、「這麼說來」、「順便問一下」，這些都是能促進談話的連接詞。

聽到對方說「最近都沒休假……」時，如果只點點頭說「是喔，這樣喔」，話題就到此結束，沒戲唱了。

「你都沒休假啊？那應該很忙囉？順便問一下，你多久沒休假啦？」

「我已經連上七天班了！」

「這樣啊，這麼說來，你一定沒怎麼睡吧？」

「就是啊，都沒睡好！」

「這樣的話，豈不是沒有陪孩子們玩的時間了？」

「對啊對啊，最近完全沒法陪他們玩……」

諸如此類，使用能促進對話進行的連接詞，讓對方愈講愈多。

持續這麼做，最後對方可能會說「今天真不好意思，都是我在說話」，不過這也沒關係，因為人類是「想表達」的生物，有「希望別人聽自己說」的欲望。這種欲望受到滿足的空間，對人們來說就是最舒服自在的空間。能提供這種空間的人，往往令人下次還想跟他說話。

一流的人除了擅長傾聽之外，也超級懂得如何滿足對方想說話的欲望。高明地使用連接詞，讓對方打開話匣子，最後產生「下次還想跟你聊天」的心情。

閒聊高手技巧

一流的人，
以成為
「讓對方想說話的高手」
為目標。

使用連接詞，
自然而然打開對方的話匣子。

蒐集
話題材料

三流的人不蒐集話題材料，二流的人事先蒐集，一流的人會怎麼做？

就算順利展開閒聊，話題還是會有聊完的一刻，陷入「該說什麼才好」、「這件事剛才好像也講過了」的為難中。

事先多準備一點話題材料當然也是個辦法。平時就從雜誌或網路上蒐集最新資訊，儲備話題材料，或許可以增加閒談時的題材。但是，有時拿出事先準備好的話題，卻因太過突兀而會使對方滿頭霧水。再說，每天都要蒐集資訊也是一件累人的事。

最理想的狀態，還是要能配合當下氣氛，說出最適當的話題，又能聊得開心。

這種時候，一流的人會使用**「題材聯想法」**。

比方說，我們以「最近感興趣的事」為主題，試著聯想看看。

說到「最近感興趣的事」就想到「說話方式」。

說到「說話方式」就想到「相聲師」、「政治家」、「搞笑藝人」……。

從中挑出「相聲師」。說到「相聲師」就想到「千原弟講的相聲很有趣」、「桂枝雀大師談論吃烏龍麵的方法簡直是藝術」、「雖然不是相聲師，但神田伯山說話的魄力實在驚人……」

更進一步從中挑出「千原弟」。說到「千原弟」就想到「搞笑藝人」、「吉本興業」、「兄弟」、「大喜利」……。

就像這樣，**運用「說到……就想到……」的技巧，可以綿綿不絕地聯想出新的關鍵字**。

那麼，將這個「說到……就想到……」的技巧運用在閒聊時會如何？

舉個例子，假設對方跟你說「我最近在減肥。」

你：「說到減肥，最近流行的減肥方法是什麼？」

對方：「最近流行不吃碳水化合物的減肥方法喔。」

你：「說到碳水化合物，比方說有哪些？」

對方：「像是白飯或麵包啊！」

你：「說到麵包就想到麵粉，那烏龍麵之類的麵類也不能吃囉？」

對方：「對啊。」

你：「說到麵粉，吃麵食的機會滿多的吧？」

對方：「是啊，所以要避免還挺麻煩的呢……」

為了方便理解，這裡舉的例子刻意每一句都以「說到……」開頭，重點是要強調「減肥→碳水化合物→麵包→麵粉→吃麵食的機會」這一連串聯想。由此可知**「從一個訊息聯想開來，就能順利拓展話題」**。

以邏輯思考的觀點來看，這就是邏輯樹。

由一個資訊中出現另一個資訊，再從這個新的資訊中出現不同的資訊……這樣聯想下去，閒聊話題就不會中斷了。

「說到……會想到什麼？」通常這麼問時，對方容易作答，也就能順利展開閒聊了。使用「題材聯想法」，配合當下狀況找出最適當的閒聊題材，豐富對話內容吧。

閒聊高手技巧

一流的人，
會配合當下狀況展開話題。

✔

使用題材聯想法，製造無限話題。

提問品質

三流的人不經大腦問出難以回答的問題，二流的人提出模稜兩可的問題，一流的人問什麼？

一如「前言」提到的，閒聊的「閒」指的是「天南地北，漫無目的」，聊就是「談話」。「談」由「言」與「炎」組成，談話這件事就是要為彼此的關係點火。

換句話說，比起談話的內容，談話時「是否自在舒適」、「是否感受到溫暖」或「是否聊得開心」，才是能夠加深人際關係的重點。

那麼，反過來說，一個令人「不自在不舒適的空間」又是怎樣的空間？

人類大腦一旦開始思考，就會劇烈消耗能量。各位在考試遇到解不出的難題，或工作上找不到解決方法時，也曾消耗過不少腦力吧？

「抱頭煩惱」這句話說的沒錯，愈深入思考，人類的大腦愈疲憊。換句話說，若是跟人聊天時不斷丟出問句強迫對方思考，對方的大腦可能會累到當機，覺得這個空間讓他太不自在，因而中斷對話。

一流的人非常清楚這一點。

因此，一流的人聊天時，只會丟出對方能夠立刻作答的「具體問句」。

舉例如下：

①比起問「最近忙嗎？」，一流的人會問「最近週末有好好休息嗎？」

②比起問「您有什麼嗜好嗎？」，一流的人會問「您放假時最常做什麼事？」

③比起問「你在健康上有特別注重哪些事？」，一流的人會問「你最近有上健身房嗎？」

④比起問「今晚吃什麼好？」，一流的人會問「你今天比較想吃清爽的海鮮，還是重口味的肉食？」

⑤比起問「最近學了什麼？」，一流的人會問「最近讀了哪些書？」

就像這樣，不提出籠統的問題，一流的人提問時，問題的內容非常具體。

在工作上決定下次開會日期時，最常聽到的話就是「請提出下次可以開會的日期」。

你得翻遍自己整本行事曆，找尋有空的日期，再提出三個日期給對方，這真是非常累人的一件事。

比起這樣，要是對方能說「關於下次開會的時間，這三個日期中有您方便的時間嗎？」這樣提出具體選項，豈不是輕鬆多了嗎。

提問時，最理想的狀態是**「讓對方不用思考，光靠反射就能回答」**的問題。

若是提出過於籠統含糊的問題，對方必須經過一番思考才有辦法回答，這會引起大腦疲憊，讓人感到不自在。

對話停頓，沉默持續時，請試著將原本籠統的問題轉換為具體的內容吧。

閒聊高手技巧

一流的人
懂得「具體提問」。

要問就問讓對方不用大腦思考，
也回答得出的問題。

提問時
遣詞用字

三流的人連問題都問不好，二流的人一味提問，一流的人會怎麼問？

比起單純的大嘴巴，能讓對方從發問中感受到自己關心的人更容易博得好感。閒聊時，也難免會有提問的時候。

話雖如此，不斷提出「你昨天做了什麼？」、「放假時候你都做些什麼？」、「你從事什麼工作」或「你住在哪裡？」，宛如發動提問攻勢一般，這簡直不是提問，已經是警方偵訊犯人了。與人閒聊時，必須懂得善用不同的疑問句，巧妙帶動對話。這裡的疑問句主要有三種：

一、「加深」對話的疑問句。

二、「拓展」對話的疑問句。
三、「推動」對話的疑問句。

第一種，**「加深」對話的疑問句，問的是「為什麼？」**
對方：「我最近開始重訓了喔。」
你：「是喔，聽起來很健康耶，為什麼會想開始重訓？」
對方：「哎呀，其實我最近有點中年發福。」
就像這樣，用「為什麼」加深對話的深度。
第二種，**「拓展」對話的疑問句，問的是「還有呢？」**
對方：「我最近開始重訓了喔。」
你：「這樣啊，動動身體是好事，你還有做其他運動嗎？」
對方：「還有就是最近盡可能爬樓梯，不搭電梯了。」
就像這樣，用「還有呢？」橫向拓展對話的寬度。
第三種，**「推動」對話的疑問句，問的是「然後呢？」、「所以呢？」**

對方：「我最近開始重訓了喔。」

你：「是喔，我完全都沒在運動……所以你都做哪些訓練呢？」

對方：「目前一星期有三天會做仰臥起坐和深蹲喔。」

就像這樣，用「然後呢？」、「所以呢？」推動對話，讓對話繼續延伸。

這種技巧多半用在如「我最近跟男友吵架了……」→「這樣啊……辛苦你了……然後呢？」→「他爛透了！上次也說……」→「後來呢？」像這樣讓對話繼續延伸。

與其給予不適當的忠告，不如只發出「然後呢？」、「所以呢？」的疑問，讓對方盡情說出他想說的話。

就像是一流高爾夫球選手配合各種狀況分別使用開球桿、鐵桿、推桿和沙坑桿；一流廚師配合各種料理使用剖魚刀、剝皮刀、生魚片刀、中華菜刀一樣。

一流的閒聊高手也懂得配合當下場景運用不同疑問句，為對方提供一個自在舒適的談話環境，這才稱得上是一流的閒聊技術。

閒聊高手技巧

一流的人，
能提出讓對方忍不住
說個不停的適當問題。

✔

請事先準備好各種不同的提問模式。

無話可說時

三流的人默不吭聲，二流的人勉強找話題，一流的人會怎麼做？

即使可以聊上兩三分鐘，之後對話又中斷的情況也常發生吧？這段時間的沉默實在教人難以承受。各位都是怎麼處理這種沉默時刻的呢？

要是急著想找下一個話題，反而會讓對方發現「這個人正在拚命找話題呢」，還可能讓對方心想「原來這個人跟我聊天沒有很盡興啊」。

閒聊時最重要的就是氣氛愉悅，絕對不能讓對方懷抱這種不安。

眼看快要沉默下來時，一流的人會使用一種說話技巧，那就是「承襲話術」。所謂的承襲話術，指的是「承襲上一個話題」的說話技巧。

談話中斷時，與其勉強找尋新話題，不如自然承襲上一個話題。「承襲話術」

就是這麼一種說話的技術。

可以用這幾個發語詞——「對了，剛才那件事讓我想到……」、「這麼說來……」、「說到這個……」承襲剛才的談話內容，展開新的話題。

舉例來說：

「我們部門最近好忙喔……」→「這樣啊……」（陷入沉默）

這麼一來，對話也就到此結束。

遇到這種沉默時刻，請使出承襲話術。

「我們部門最近好忙喔……」→「這樣啊……」→「對了，說到我們部門，最近多了幾個年輕人，教他們做事好累人喔，〇〇你們部門情形怎麼樣？」

在對話前先以「對了」、「說到〇〇」之類的發語詞當開場白，用意是承襲先前的話題，藉以創造新的話題。

「我前幾天去熱海玩了喔。」→「這樣啊，真不錯。」

→「對了，說到旅行，你會用年假去旅行嗎？」

「我在人力派遣公司工作。」→「是喔。」

→「你在人力派遣公司工作呀，這麼說來，你平常和人見面的機會很多囉？」

或許上下文可能稍微牛頭不對馬嘴，但是所謂**閒聊本來就不用太注重邏輯，最重要的是創造令人安心愉悅的氣氛和源源不絕的話題，說這兩點才是閒聊的生命線也不為過**。

陷入沉默時，請試著用「對了，說到這件事讓我想到……」、「這麼說來……」、「這樣的話……」等承襲先前話題的發語詞，自然延伸到下一個話題吧。

連沉默都能拿來當作武器，這就是一流人士的說話技巧。

閒聊高手技巧

一流的人，
懂得用「承襲話術」
連接話題。

✔

承接上一個話題，展開新的話題。

延續話題的讚美之詞

三流的人只知讚美，話題接不下去，二流的人打算用讚美之詞讓話題延續，一流的人用什麼方式延續話題？

讚美很重要。然而，光是「這條領帶真好看」或「你真適合穿西裝」、「你的笑容真美」等稱讚，只不過流於表面，容易給人膚淺的感覺。此外，這些都是平常當事人常接收到的讚美，無法帶來太大的刺激，也會導致對話就此打住。

不過，這時只要多下一道工夫，對話內容就有可能豐富起來。

做法是「讚美的重點＋另一個重點」。**除了普通的讚美外，另外加上一個要素，促進對話繼續**。

「○○，這件外套真適合你。」這是普通的讚美。

除了這個讚美的重點，另外加上一個要素——

「〇〇，這件外套真適合你。你的外套都是訂做的嗎？」

像這樣，在普通的讚美外，另加一個要素。

這麼一來，對方可能會說「沒有啦，怎麼可能，這是便宜貨」，或是「才不是呢，這是我老婆隨便買的啦！」像這樣展開對話。

於是，你也可以接著說：「這麼說來，夫人的品味也很好嘛！你們是一起去買的嗎？」對話又可以更進一步了。

舉個例子，看到最近剪了短髮的人時，說「〇〇你剪頭髮了啊，短髮很適合你耶！」是普通的讚美。

使用上述方法，在普通的讚美外另加一個要素——

「〇〇你剪頭髮了啊，短髮很適合你耶！〇〇又瘦又高，搭配短髮看上去超清爽。」

這麼一來，對方可能會說「真的嗎？看起來很清爽嗎？」或「沒有啦，你別看我個子高，其實我小腹很大。」對話就這樣鋪展下去了。

前幾天，某場企業研習後，負責舉辦研習的窗口對我說：「桐生先生總是這麼開朗，有什麼祕訣嗎？」

我說：「沒有啦，我平常也有很多沮喪的事啊，自己待在家裡時更是灰暗到不行呢（笑）。」

對方又問：「那麼灰暗嗎（笑）？完全看不出來啊，您是不是有什麼讓人看不出灰暗的技巧？」

「有啊，就是……」

像這樣，回過神時我已經劈哩啪啦地說了一大堆。

那位窗口的閒聊技巧真是相當高明。

他不只是讚美我「開朗」，又加上了「有什麼祕訣嗎」的另一個要素。於是，和他談話的我就感受到**「他不只是說表面話，而是真的對這件事感興趣」**。

一流的人懂得用「普通讚美＋另一個要素」的方法，引導出新的對話內容。

請務必練習「在普通讚美後加上○○○」的說話方式，試著讓對方樂於繼續往下聊。

閒聊高手技巧

一流的人，會用
「普通讚美＋另一個要素」
豐富對話的內容。

✔

多花一道功夫，讓對方聊得更愉悅。

讚美的時機

三流的人找不到讚美的時機，二流的人硬是提出讚美，一流的人讚美對方什麼？

不管怎麼找都找不到值得讚美的優點……這種時候，請試著和過去比較看看，那一瞬間，值得讚美的優點就會出現在眼前。

比方說，上次考了二十分的兒子，這次考了三十八分。如果光看這次的三十八分，因為是不及格的分數，似乎「沒有值得讚美的地方」。然而，一和上次的二十分相比，就可以看出他成長了十八分。這十八分的成長，就是值得讚美的優點。

剛進公司三個月的菜鳥員工，到現在還沒簽下任何一張訂單。不過，三個月前的他可是連自己一個人去跑業務都辦不到，相較之下，現在的他已經能單獨拜訪客戶，這就是他的成長。

跟這位菜鳥員工講話時，不妨這麼說：

「你剛進公司時，連一個人去跑業務都做不到，聽說現在已經可以到處拜訪客戶了？真了不起。」或是「你剛進公司時還一副青澀的學生樣，現在已經有社會人士的派頭了喔。」

即使當下找不到值得讚美的優點，透過與過去的比較，換句話說，就是從「Before→After」中，仍有可能找到值得讚美的地方。

那麼，遇到不知道過去狀況的人時怎麼辦呢？

舉例來說，去參加經營者社團舉辦的聚會，和初次見面的對象說話時。

「您現在自己經營公司嗎？」光是這樣的對話，找不出值得讚美的優點。

但是，只要問對方「您以前從事什麼工作？」或許就能換來對方回答「我以前是上班族」，這就形成了一個「上班族（Before）→經營者（After）」的對照。

「哇，以前是上班族，現在自己開公司嗎，捨棄穩定生活獨立創業，真有挑戰精神！」像這樣，就能找到讚美點了。

我平常多半穿藍色系的西裝。

「桐生先生超適合藍色系耶，藍色穿起來就是清爽。對了，您從以前就常穿藍色系的服裝嗎？」有人這麼問過我。

「沒有啊，以前我都穿黑色或灰色，看上去灰灰暗暗的，也沒在意過衣服的顏色。」我這麼回答。

「這樣啊！您現在這麼會打扮，真不敢相信竟然有那樣的過去，中間發生過什麼事嗎？」對方又問了我這樣的問題。

後來，我就盡情地與他分享了關於為什麼改穿藍色系衣服的原因。這裡西裝顏色的改變，也是一種「Before→After」。

乍看之下平凡無奇的小事，只要去比較「Before→After」，也能看到以往沒注意過的新世界。從過去到現在的成長之中找到值得評價的地方，積極讚美對方吧。

閒聊高手技巧

一流的人
懂得稱讚
「Before→After」。

比較過去與現在的不同，
從中發現值得讚美的優點。

如何縮短距離

三流的人總是與人有所隔閡，二流的人找尋與對方的共通點來縮短距離，一流的人用什麼方法縮短距離？

參加以溝通為主題的講座或研習時，經常聽到的說法是──「尋找和對方的共通點」。

和同鄉或有共通朋友、相同興趣的人，聊起天來的確比較容易熱絡。然而，閒聊遇到瓶頸時，往往因為是初次見面的對象，彼此還不太熟悉對方，也不知道太多對方的事。

這種時候，要「尋找自己和對方的共通點」，未免太難了。

那麼，一流的人都是怎麼縮短和對方距離的呢？

那就是──尋找「相異之處」。

比方說你很討厭吃芹菜，對方卻說「我最喜歡吃芹菜了！」

「是喔，我討厭吃芹菜。」要是這麼一說就沒下文了，對話就此打住。

但是……

「是喔，你喜歡吃芹菜喔！我有點不行……順便問一下，你為什麼喜歡吃芹菜啊？」

「欸，是喔，還有這種吃法喔！」

「那我下次也來挑戰看看好了。」

像這樣，著眼於「對方喜歡吃芹菜↔自己討厭吃芹菜」的**「相異之處」，用詼諧幽默的方式提問，對方也會樂於分享，話題就能繼續下去了**。

我的故鄉在新潟縣。說到新潟，大家都知道那是雪鄉。雪鄉的人在聊天時，大雪的話題總是能炒熱氣氛。

然而，和來自沖繩的人聊天，就得著眼於「下雪↔不下雪」的差異。

我：「你是沖繩人啊，好好喔，那裡一年四季都很溫暖，不會下雪（笑）。」

對方：「雪嗎？我從沒看過，下雪是什麼感覺？」

我：「有一次雪積了一層樓高，明明是白天，一樓卻都暗暗的。」

就像這樣，興致勃勃地聊了起來。

人類這種生物原本就各有特性。

彼此價值觀不同，過去的經驗和思考也都不一樣。換句話說，**比起共通之處，每個人身上與別人不同的地方更是多得驚人**。

有些人遇到合不來的對象就會大驚小怪，其實這種想法的前提是「以為自己和對方擁有相同價值觀」。因此，一遇到不同的價值觀就感到煩躁或氣憤，和對方愈相處愈痛苦。

追根究柢，每個人天生的性格、思考模式和成長環境都不一樣，意見不合也是天經地義的事。

既然如此，根本沒必要硬去找共通點，轉而尋找不同的地方，反而增加更多話題，閒聊起來一定也會更開心。

閒聊高手技巧

一流的人
懂得找「相異之處」，
縮短彼此距離。

✔

用幽默的態度看待相異之處，
就能找到突破沉默的對話出路。

CHAPTER

3

聆聽的方法
與做出的反應

聆聽對方說話時

三流的人根本沒認真聽，二流的人用耳朵聽，一流的人用什麼聽？

各位應該都和朋友一起去看過電影吧？看完電影後，也都會聊起電影的內容。像是「哎呀，沒想到劇情竟然會那樣發展。」或「今天的電影有點無趣。」等等。

那麼，跟沒有一起去看電影的朋友聊自己看過的電影時，狀況又是如何？應該無法聊得像一起去看電影的朋友那麼開心吧？

為什麼？當然是因為沒有看過「同樣的畫面」之故。

旅行也是如此。跟一起去旅行的人聊起旅途中的回憶時，因為看過相同的風景與畫面，聊起來當然比沒有一起去旅行的人熱絡。

回到閒聊這檔事。

就算看過同樣畫面的人聊起天來特別熱絡，日常生活中不可能隨時都和談話對象看過一樣的畫面。除非一起去看電影或一起旅行，否則幾乎只能聽對方分享他的經驗。

「昨天，我上一份工作的前輩約我去吃飯。」或「上個月我跟朋友去夏威夷玩了呢。」諸如此類，聽別人談起自己沒有一起體驗的事情時，該如何反應才好？

結論是，傾聽對方說話時，要**「當作自己也看過同樣的畫面」**。

聽對方說起在夏威夷海邊游泳的事時，自己也在腦中想像那片海是什麼顏色，沙灘是什麼顏色，視野有多遼闊，海邊有多少人，氣溫大概幾度……換句話說，就是在自己腦中想像對方看過的那片景色與畫面。

如果真的想像不出，不妨具體詢問對方「夏威夷的海是什麼顏色？沙子摸起來有什麼感覺？」

假如聽對方提起「上星期去爬山了」，就在腦中想像對方登山時做何打扮，揹著哪些裝備，揮汗登上多險峻的山路，彷彿他就在自己眼前登山一般。一邊這麼想像，一邊聽對方說話。

這麼一來，就能在「自己也有相同體驗」的狀況下展開對話。

和一起看電影時一樣，腦中一邊浮現相同畫面，一邊聽對方說話，彼此之間就會產生共鳴。所謂共鳴，就是感受同一件事。

有所共鳴時，容易給人「對方有把我說的話聽進去」、「這個人明白我在說什麼」的印象，建立起彼此的信任感。

人類的想像力是一種非常美好的能力。

請運用這份想像力，在聽對方說話時，試著把那畫面轉換在自己腦中。你會驚訝地發現，和對方的距離瞬間縮短許多。

閒聊高手技巧

一流的人聽對方說話時，會在腦中轉換為畫面。

彷彿自己也體驗過同樣的事一般，
傾聽對方說話。

做出什麼反應

三流的人毫無反應，二流的人邊聽邊點頭，一流的人怎麼反應？

一位非常資深的講師曾問我：「您認為『反應』的相反是什麼？」

我當時回答：「當然是『沒反應』啊！」

然而，他卻告訴我：「反應的相反是視若無睹。」

視若無睹就是「明明看見卻裝作看不見」，也就是一種完全否定對方的行為。

這是非常嚴重的一件事。

在學校被視若無睹的學生可能會拒絕上學，在公司被視若無睹的員工或許會討厭上班。有人因此罹患恐慌症，就算已經打算出門了，但一搭上電車就陷入恐慌。

幼童經常拉著母親說「媽媽，媽媽，聽我說～」，忙碌的母親如果持續對孩子視若無睹，這孩子總有一天會學壞。

你的視若無睹，是令對方人生失控的重罪。

「原來反應的相反不是沒反應，是視若無睹！」知道這件事後，我開始認真學習人的反應與人類心理的關係。

聽別人說話時，最好的反應就是全面反應，對方說什麼都給出反應。此外，人在聽別人說話時的反應就是「點頭」，點頭代表「我把你的話聽進去了」。

如果光是點頭，相信大家平時都已經這麼做了。

但是，一流人士的「點頭」稍微有點不一樣。一流人士除了普通的點頭外，還會多加一個技巧。那就是——「驚嘆詞」。

什麼是驚嘆詞？簡單來說，就是帶有情緒的詞彙。

例如「欸，是喔～」、「哇，那可真驚人！」、「喔喔～做得真漂亮」，像這樣在語句之前加上的「欸」、「哇」、「喔喔」就是驚嘆詞。

不只單純點頭，一邊點頭一邊使用驚嘆詞，就能向對方傳達「好厲害！」、

「好驚人！」或「好感動！」的情緒。

各位知道所喬治先生嗎？所先生主持許多電視節目，是家喻戶曉的主持人，他最為人熟知的特色就是觀眾緣非常好。為什麼所先生這麼受歡迎呢？為了解開這個疑惑，我看了許多他主持節目的影片。

結果，我發現所先生隨時把「是喔」、「哇」、「好厲害（語氣上揚）」掛在嘴上。某部影片中，他甚至在一分鐘內發出六次驚嘆詞。

接收到他這樣的反應，對方也會下意識認為「這個人有把我說的話好好聽進去」。

一流的人會把「點頭」和「情緒」結合，對對方說的話做出反應，滿足對方「希望被認同」的需求。

在聽別人說話時，除了點頭之外，也請試著加上驚嘆詞（「欸」、「哇」、「喔喔」）傳達情緒。這麼一來，對方一定會露出開心的表情。

閒聊高手技巧

一流的人，
會在點頭時使用驚嘆詞。

使用「欸」、「哇」、「喔喔」
傳達情緒。

滿足認同需求

三流的人無法滿足對方的需求，二流的人頻頻稱讚「好厲害！」，一流的人如何滿足對方的認同需求？

「要指揮眾人，就要示範給對方看、用言語說服對方、讓對方親自做做看，再加上稱讚。」這是前海軍，也是聯合艦隊司令官山本五十六的名言。

受到稱讚時，人們會產生「獲得認同了！」或「這個人確實看到我做的事了！」的心情，從而認為自己的存在有價值。

稱讚的話語有很多，像是「真厲害」、「很出色」、「不愧是〇〇」等等。這些雖然都可以在讚美對方時使用，但要是動不動就把這些話掛在嘴上，反而會教人懷疑「這個人真的這麼想嗎？」

這種時候，一流的人會用跟其他人不一樣的形容詞，做出更上一層樓的讚美。

舉例來說，以下是和某位經營者的對話：

「我年輕時公司曾破產過一次。有段時間，我欠了十億的債，但只花七年就還清，現在公司每年可賺到十億。」

各位聽到這番話時，會如何回答？

一般人可能會說：「這可真厲害。」

但是，更上一層樓的讚美會怎麼說？

「這可真驚人！」

「真教人難以置信！」

「我嚇到了！」

就像這樣，即使表達的是和「真厲害」一樣的意思，卻有各式各樣不同的說法。

除此之外，常見的讚美之詞「出色」，也可以用「美妙」、「優雅」、「有深度」、「有品味」等更上一層樓的說詞來替換。

被人用平常較少聽到的詞彙讚美時，對方會下意識產生「咦，和平常不一樣」的反應。

我常用的讚美詞彙有「投入的精力程度和別人不一樣」、「令人為之震懾」、「散發一股光彩」、「宛如覺醒一般」或「太幸福了」等等。**毋庸置疑的，一流的人都是遣詞用字的專家**。遣詞用字的能力，說穿了就是「換句話說」的能力。

比方說，把「○○的聲音真美」換成「○○的聲音帶有一層光澤」或「○○的音色聽了令人心曠神怡」，用「光澤」及「音色」等詞彙來形容「好聲音」。

「○○的幹勁真不得了」，可以換成「○○的幹勁有著火藥一般的爆發力」。

「○○的腦筋轉得真快」，可以換成「○○的腦筋快得只能以音速形容」。

就像這樣，不用普通人用的形容詞，試著以更上一層樓的詞彙讚美對方。這麼一來，對方的反應也會改變。

認同對方時，可從「讚美選單」裡選擇對方聽了會開心的說詞。如果想增加選單裡的選項，建議可多讀小說或詩集，或是參考別人演講時的影片，從中揀選適當的讚美詞彙。「更上一層樓的讚美，能讓對方露出喜悅的表情」，在平日的閒聊中加入這樣的觀念吧。

閒聊高手技巧

一流的人懂得用
平常不用的詞彙，
做出更上一層樓的讚美。

✔

平常就要多儲備
能讓對方聽了開心的讚美之詞。

如何應對負面話題

三流的人聽聽就算，二流的人隨對方起舞，一流的人會怎麼做？

即使是閒聊，也不可能總是聊得很開心。有時對方還會提起負面話題，像是「真是的，為什麼只有我這麼忙！（怒）」或「我們部長真的很瞎！」、「氣死了，一點也提不起幹勁！」等等。

這種時候，各位都怎麼回答對方呢？

如果只說聲「是喔」，恐怕會讓彼此之間氣氛變糟吧。

積極回應「這樣啊，辛苦你了」或「我懂你的心情！」、「真的太扯了」，像這樣附和對方雖然也不是不行，但彼此互相發洩負面情緒，只會讓對話結束在不愉快的氣氛下，實在稱不上是個好主意。

最理想的狀態，是在對話中讓對方產生正向思考。

為了實現這個目標，請在對話中滿足以下三種「讓人產生正面情緒的三大需求」：

一、獲得認同的需求。

二、獲得讚美的需求。

三、獲得鼓勵的需求。

美式足球上場前，教練送球員出休息室時，經常激勵他們「你們很棒！真的很棒！絕對會贏！」此外，漫畫《灌籃高手》中安西教練的名言「你們是最強的！」也十分有名。放眼歷史上的名將，多是懂得認同、讚美與鼓勵士兵，提高士氣的人。

我常去的按摩院，有個超受歡迎，很難預約到的按摩師傅。

「先生，您是不是有在做什麼運動啊？這邊的肌肉用得很兇喔。肌肉用得這麼兇，會痠痛也是當然的啊，真厲害，竟然能撐到這種地步！」

他總是說著這類的話，把客人捧上天。

相反的，不受歡迎的按摩師傅，在面對「辦公室坐久了腰很痛」的客人時：

「這樣啊，最近坐辦公室的客人增加了不少，腰痛的人確實滿多的。」

兩相比較之下，大家比較想跟哪位按摩師傅說話呢，應該比較想在前者的讚美下接受按摩吧。

關於負面話題，首先要傾聽，但最後還是得認同、稱讚、鼓勵對方。

「哎呀，可是○○先生，您忙得簡直就像超人了，真的很不容易啊！」

「○○每天這樣和部長吵架，還能天天去上班，意志力真的太強大了。」

「看到○○你這麼努力，我也得更加油才行囉！」

就像這樣，在對話的最後**送上認同、稱讚或鼓勵的話語**。

請在談話將近尾聲時，特別提醒自己按下「積極動力按鈕」，讓負面話題轉為正面狀態後才結束對話。

閒聊高手技巧

一流的人
會盡全力鼓勵對方。

✔

讓對方的心情從負面轉為正面。

意見不同時

三流的人反駁對方，二流的人附和對方，一流的人會怎麼做？

你周遭是否也有一天到晚把「不是」、「可是」、「話雖如此」掛在嘴上的人？如果是在討論某件事意見不合，或許有提出反駁的必要。可是，閒聊時比起對錯，「氣氛是否自在舒適」更重要。一股腦地丟出反駁的字眼，只會讓人認為「你這人真難搞」，也會破壞閒聊時的氣氛。

舉個例子，有人說「今天好冷喔」，但你卻覺得今天應該滿溫暖的吧。遇到這種意見不同的時刻，各位會怎麼回答呢？

「不，今天應該算溫暖的吧？」這麼一說，氣氛恐怕就搞砸了，對話也可能就此中止。那麼，必須附和對方說「對啊，今天好冷」嗎？那樣又變成說謊了，好像也不太對。為了因應這種場面，有個方法是「轉移關注的目標」。

當對方說「今天好冷喔」，但你不那麼認為時，可以像這樣轉移關注的目標：

「〇〇，你是不是特別怕冷？」

以下是我親身經驗的例子。

我：「今天還滿冷的耶。」

對方：「桐生先生老家不是雪鄉嗎？」（轉移關注的目標）

我：「是那樣沒錯，但我從小就很怕冷……」

對方：「我還以為雪鄉出身的人都不怕冷呢，原來也不一定嗎？」（轉移關注的目標）

我：「是啊，怕冷的人還滿多的喔！」

對方：「那大家都是怎麼應付寒冷的呢？」（轉移關注的目標）

我：「穿兩件發熱衣囉（笑）。」

就像這樣，轉移話題關注的目標，就能將對話擴展開來了。

不去反駁，也不勉強自己附和對方，而是找出自己感興趣的點，轉移關注的目標並提出來詢問對方，就能打造閒聊起來自在舒適的空間。

「今年奧運一定會將國內氣氛炒得很熱絡吧！」

「不，我對奧運沒什麼興趣。」要是這麼一說，對話將就此打住。與其如此，還不如改成這麼問：

「〇〇，你已經買好票了嗎？」或是「你平常就很喜歡看運動競賽嗎？」把話題的箭頭朝向對方，對話就能活絡起來。

每個人都認為自己的意見最正確，也想說服別人。不過，在反駁之前先停下來想「為什麼對方會那麼認為」，讓自己「轉而關注其他目標」，也創造了「停下來思考的空檔」。

反駁他人時的情緒多半是煩躁的，想控制這時的怒氣，需要這個冷靜下來思考的「空檔」。《孫子兵法》中有「不戰而勝」的描述，就是這個意思，**與其堅持辯贏對方，企圖在議論中獲勝，不如先創造一個自在談話的空間才是雙贏。**

閒聊高手技巧

一流的人，懂得在對話中
改變感興趣的對象。

意見不同時，
稍微岔開提問的方向。

網路社群

三流的人對一切視而不見，二流的人重複話題，一流的人如何回應？

現在，網路社群也宛如另一個人際溝通場合。

網路上的對話幾乎都是興之所至的留言，就像把現實生活中的閒聊搬到網路上。因此，我們也可以把網路社群的留言當作一種閒聊。

在現實生活中閒聊時被視若無睹會很難受，在網路上也一樣。貼文之後底下有人留言，收到回應，對貼文的人來說是很開心的事。

舉例而言，有人貼了一則「我上星期去沖繩玩了！」的文章。

站在貼文者的角度，會這麼貼文就是希望有人知道這件事，看見這件事，展現出想得到別人認同的需求。

這時，如果有人在下面留言說「我上個月也去了沖繩！」會如何？貼文者的需求得到滿足了嗎？

以下要說的是我自己的失敗經驗，以前我剛開始學習心理學時，有人對我說「最近，我對自我能力開發開竅了，開始學習心理學」。

我竟然得意洋洋地回應對方「這樣啊！哎呀，我也是呢。現在我正在學榮格的心理學，果然榮格跟佛洛伊德有明確的不同。」結果，那個人掉頭就走。

考慮貼文者的心情，在「我上星期去沖繩玩了！」貼文下留言「我上個月也去了沖繩！」豈不是搶話題嗎？與其搶話題撞哏，倒不如這麼做：

「哇！好像很好玩！」、「你太適合去海邊了！」、「去那邊好好充電回來，又可以做出很棒的工作了呢！」像這樣透過留言不經意地讚美對方，貼文者看了也會很高興。

在「我去了〇〇學習會！」的貼文下，與其搶著說「我現在也在學一樣的東西！」倒不如這麼做：

「你好有求知慾喔！下次也教我吧！」，或「工作這麼忙還去學東西，太令人佩服了！」、「果然有能力的人總是在學習新事物！」若是能這樣回覆，也會為自己博得好感。

人最討厭的是「被視若無睹」，第二討厭的就是「被搶話題」了。話講到一半被打斷，或是話題「整碗被端走」時，應該沒有人還能保持好心情。

相反地，**當其他人對自己友善，我們也不會故意去跟對方作對。這就是互惠原則**。人家對自己好，自己也就想為對方做些什麼。就像收到中元禮品會想回贈一樣，別人精神抖擻地對我們打招呼時，我們當然會開心回應。

網路社群的貼文亦是如此。對於願意肯定自己的人，大腦會發動「下次也想為他做點什麼」的潛意識。若能在網路上建立這種良好互動，實際見面時閒聊起來一定會更熱絡。

一流的人不只注重實際上的閒聊，即使在網路社群中，也會為自己與對方的良好關係鋪路。

閒聊高手技巧

一流的人，
會若無其事地肯定對方。

✔

發言時考慮貼文者的心情，
建立良好的互動關係。

CHAPTER

4

如何炒熱閒聊氣氛

節奏

三流的人自說自話，
二流的人講幾分鐘後交給對方接棒，
一流的人講多久交棒？

請容我問一個問題。各位算過自己在對話時的「時間」嗎？比方說，人家問你「昨天做了什麼？」你會花多少時間回答這一題？

多話的人可能會花上三分鐘、五分鐘……對話的棒子始終牢牢拿在自己手中。長篇大論只談自己的事容易被討厭。相反地，說話節奏拿捏得好的人，只會提一點自己的事，就立刻把棒子傳給對方：「那麼○○昨天做了什麼呢？」

閒聊時，一個人講三十秒左右就換另外一個人講，這是最理想的狀態。

為什麼電視廣告長度通常不是十五秒就是三十秒呢？這是因為人類對自己沒興

趣的事最多維持三十秒的注意力，三十秒一過，注意力就會急速衰退。

廣播節目主持人也一樣，自己大概講個三十秒，就把麥克風交給來賓。

仔細看綜藝節目上的主持人，一流主持人多半自己講個三十秒，就開始把話題丟給來賓發揮。

明石家秋刀魚先生的主持功力堪稱「神主持」。他會先自己裝傻搞笑，再把話題丟給來賓，讓來賓搞笑。接著再次把話題拉回自己身上，開一個新話題後，又再丟給來賓搞笑。差不多三十秒就換一個人講話。

我經常有機會前往企業舉辦企業研習。

擅長打電話爭取業績的業務員，在電話裡總是會這麼說：

「您好，我是○○電話公司的□□。想為您介紹一個比目前方案每月便宜兩千的新方案，不知道貴公司現在使用的是△△寬頻嗎？」

大概三十秒，就向對方提出問題了。

如果不像這樣趕緊交棒給對方，電話一定會被掛掉。

這個方法運用在閒聊上會怎麼樣？舉例如下：

「〇〇先生，聽說您最近開始打高爾夫球了？我也剛開始打高爾夫球，上星期去了千葉的△△莊園球場，不過我球技還很差，只打了□□分。〇〇先生平常都去哪裡打球？」

這樣差不多就三十秒了。自己講三十秒左右，再把棒子交給對方。

「昨天，我去看了今年票房最好的電影《〇〇》喔，大排長龍等了四小時才進場。不過等待是有價值的，電影非常有意思。我幾乎整場都感動得大哭了呢。□□先生也看了嗎？」

自己講三十秒左右，就把棒子交給對方。這麼一來，對話節奏就此誕生，對方也不會感到不耐煩，順利展開閒聊。

電視上的王牌主持人、廣播節目主持人或公司裡最擅長擔任會議司儀的同事、聯誼時負責主持場面的朋友……請試著留意這些人說話的時間，一定都很簡短，懂得立刻將對話的棒子交給其他人，為對話製造節奏與流程，創造出開心交談的空間。

閒聊高手技巧

一流的人，
只說十五到三十秒
就會交棒。

適度給予對方說話的時間。

說明

三流的人想到哪裡說到哪裡，二流的人試圖完整說明，一流的人會怎麼做？

即使只是閒聊，「清楚易懂」的說話方式依然很重要。要是讓人產生「這人到底在講什麼？」或「聽不懂什麼意思」的想法，對話就進行不下去了。

那麼，究竟該怎麼做才能說出清楚易懂的話來？

方法就是——「用畫面傳達」。**比起文字，人類透過圖像理解的速度要快得多了**。若問小孩比較喜歡讀文字書還是繪本，答案當然是繪本。最近就連商業書也常出現「用漫畫理解○○」的書名。只要看一眼圖像，瞬間就能掌握想傳達的資訊。

對話也一樣，有一種彷彿讓對方看到畫面的說話方式，瞬間就能令對方理解重點，這就是**「譬喻」**。

說到「譬喻」，擅長美食實況轉播的藝人彥摩呂可說是一個很有名的例子。一碗海鮮丼飯端到他眼前時，那句「哇啊！簡直像是大海的珠寶盒！」道盡一切。這句「大海的珠寶盒」宛如一幅畫，直接呈現在觀眾面前。

只要有這個譬喻，「哇啊！鮮黃色的海膽光澤動人，鮪魚看上去好美味，花枝看起來也很新鮮，鮭魚卵閃閃發光……」等詳盡描述都不需要了。

再舉個例子，假設有人問：「你的家庭狀況如何？」

「我家有爺爺奶奶，爸爸媽媽和三兄弟姊妹，另外，姊姊姊夫一家也和我們住在一起，是非常熱鬧的一家人。」

與其如此冗長說明，不如只用一句：

「我家就像蠑螺太太（注）家一樣。」

這麼一說，對方馬上就能想像你家是和蠑螺太太家一樣熱鬧的大家庭。

事實上，我家就是一家九口的大家庭，有曾祖母、祖父、祖母、父母與四兄弟姊妹同住，我是家中老么，每次對別人介紹我家時，我都會直接用「蠑螺太太家」來形容。

在對話中使用譬喻的訣竅意外簡單，只要**「聯想相似的東西」**即可。

「我主管總是愛拿地位壓人，做事又任性，聽不進別人說的話。」

↓「我主管簡直就是胖虎。」

「公司附近有間賣套餐的店，燉菜和味噌湯都很好吃，給人一種質樸又健康的感覺，下次要不要去吃吃看？」

↓「公司附近有間套餐店，吃起來有媽媽的味道，下次要不要去吃吃看？」

類似這樣，在腦中聯想類似的形象。這麼一說，對方腦中也會浮現相同畫面。

擅長說話的人，多半徹底研究過「譬喻」這個主題。遇到「這人真會講話」的對象時，請務必觀察他在對話中加入多少譬喻用法。

注／《蠑螺太太》是日本長壽卡通，描述蠑螺太太與她身處的大家庭。

閒聊高手技巧

一流的人擅長譬喻，
使人快速理解。

✔

將文字轉換為畫面傳達給對方。

吸引對方注意

三流的人說話時什麼也不想，二流的人想用有趣話題吸引對方注意，一流的人用什麼吸引對方？

聚餐、喝下午茶、和朋友天南地北閒談、公司休息室……好幾個人聚在一起閒聊的狀況，比想像中還要多。

不是一對一而是多人聚會時，各種話題爭相交錯，想說出引人注意的話題是一件非常困難的任務。如果每次都能想出具有吸引力的有趣話題，那當然另當別論，不過，就算能做到這樣也不簡單。

這種時候，使用「聲喻詞」會是一個有效的方法。

聲喻詞就是「擬聲詞」、「擬音詞」與「擬態詞」的總稱。

「擬聲詞」指模擬人類或動物的聲音，例如哭聲的「哇哇」、笑聲的「咯咯」或貓叫「喵喵」與狗叫「汪汪」都在此列。

「擬音詞」指模擬自然界的聲音、狀態或物品聲響，如「叮鈴叮鈴」或「嘩啦嘩啦」、「乒乒乓乓」、「喀啦喀啦」等。

「擬態詞」是模擬狀態的詞彙，如「骨溜骨溜」、「沙沙」等，日語中甚至有形容亂七八糟或形容陰天的擬態詞。

將這些詞彙加入對話中，能讓你說的話充滿吸引力。

比方說：

「上次我去看了電影《○○》，非常感動。」

↓「上次我去看了電影《○○》，感動得心怦怦跳。」

後者更能讓聽的人感受到那份感動。

「前陣子我去了札幌，天氣好冷，身體都發涼了。」

↓「前陣子我去了札幌，天氣好冷，身體都涼颼颼了。」

後者更能生動表達受寒的狀況。

其他還有「鏗鏘作響」、「咻～地拉長」或「潮水嘩嘩退去」等，都是容易在腦中想像畫面的說法。

說到運用聲喻詞的專家，就不能不提搞笑藝人宮川大輔。

「碰！地進來一大家子人……」、「瞇起的眼睛啪地睜大！」或「哇的大喊一聲……」，往往一段話裡就塞了五、六個聲喻詞。

史提夫．賈伯斯在簡報的時候經常善用「bong」、「poon」等擬聲詞，這也是眾所周知的事。

本公司每個月差不多舉行一百七十場關於溝通的講座，講座名稱也常加入聲喻詞，例如「咚咚咚增加」、「咻地改善」、「釐清霧煞煞的事」等。

請自由運用、增加自己的聲喻詞庫吧。這一定能為你說的話增加好幾倍的吸引力。

閒聊高手技巧

一流的人擅長使用聲喻詞。

✔

運用擬聲、擬音、擬態詞，
說出令人印象深刻的話。

搞笑

三流的人不好笑，二流的人思考講什麼才好笑，一流的人講什麼逗樂對方？

在閒聊的場合，搞笑就是能當場炒熱氣氛的潤滑劑。

如果誰都不講話，大家只是灰暗地坐在一起，氣氛一定很沉重，讓人難以忍受。沒有比每個人都露出笑容，笑著談天說地更棒的事。

我們並非搞笑藝人，也沒必要每次聊天都追求大爆笑的境界。只是，若能說出讓人噗哧一笑的話語，使場合的氣氛開朗一點，好處還是比較多。

想在平日對話中加入有趣的話題，該怎麼做呢？

有個方法是**「在說出結論前，先穿插一個製造落差的對照組」**。

舉例來說：

「我主管長得一副凶神惡煞的樣子。」

這只是一般的說法。

「我主管在太太面前乖得像小綿羊，平常卻是一副凶神惡煞的樣子。」

各位覺得這樣如何？

在「主管長得凶神惡煞」這個結論之前，先穿插「在太太面前乖得像小綿羊」的對照組，製造小小的落差，就能產生趣味感。

「便利商店店員臉好臭喔～」這是一般說法。

「平常笑臉迎人的便利商店店員，只有遇到我時臉好臭……」

「長大之後瘦了很多。」

「小時候臉圓圓的，還被說是麵包超人，長大卻變這麼瘦（這是我的真實案例）。」

普通的話題，用一般的說法說了也平淡無奇，若是能在結論之前穿插落差，就能將普通的話題襯托得比較有趣。

一流的溝通者，毫無疑問的，都是擅長逗笑別人的專家。

我的興趣是到處聽人家演講，用「正」字記下自己在演講中笑出來的次數。

有一次，我去聽高田日本購物網的前社長高田明先生演講，竟然在六十分鐘的演講中笑出二十二次。高田先生甚至在演講開頭先撂下「各位今天如果聽到有趣的事，請一定要笑喔」這種話，可見他也刻意想營造一個充滿笑聲的場合。

再強調一次，**不需要追求大爆笑的境界，只要稍微調整說話內容，讓周圍的人聽得開心就好**。這才是重點。

逗人發笑就是最強的溝通術。因為笑的時候，就是心情獲得解放的狀態。只要能打開對方的心房，就能加深彼此的交情。請一定要試著在對話中加入一點幽默風趣，為閒聊場合製造歡樂的氣氛。

閒聊高手技巧

一流的人，連講普通話題都能贏來笑聲。

在說出結論前，
先穿插落差，製造笑聲。

與複數對象談話時

三流的人照本宣科，二流的人以文字說明情景，一流的人如何說明？

閒聊未必是一對一的聊天，好幾個人聚在一起閒聊的情形也很常見。

好幾個人一起聊天時，說的話得讓每個人都聽見才行，這件事做起來還挺吃力呢。想要讓好幾個人同時聽見自己說的話，最重要的是「描寫能力」，就像把自己說的話投影在大螢幕上一樣。只要能投影在大螢幕上，大家就能一起欣賞螢幕上的畫面了。

最擅長描寫場景的專家就是落語家。

從江戶時代至今，落語依然是深深吸引許多人的說話藝術。落語家口中描述的場景，就像實際發生在眼前似的，清楚易懂又充滿趣味。

落語家總是一個人說學逗唱。「喂、大叔！」「什麼事啊平八？」就像這樣，故事中必定有複數人物登場。此外，角色在什麼地方交談，是用走的還是用跑的，又或是吃了什麼東西，都有詳盡且高明的描述。

就像同時傳送影像訊息給眾多觀眾一般，落語家也能同時讓在場所有觀眾聽懂故事的內容。

那麼，把同樣的技能轉換為日常對話會怎麼樣？

比方說，「上次在學校，老師要我多唸點書」，這句話是以第一人稱做的描述。如果將「多唸點書」這部分，用模仿老師語氣的方式說出，就能描繪出自己和老師站在教室裡對話的場景了。

「前幾天我去了壽司店，問壽司師傅有沒有推薦，結果師傅推薦了比目魚。於是我就點了比目魚，這時大廚從裡面走出來，說比目魚加點梅子更好吃，我就照做了。真的超好吃的。」

這也是第一人稱的描述。

把這段描述轉換如下：

「前幾天我去了壽司店，問壽司師傅有沒有推薦，結果師傅說：『最近的比目魚很好吃。』（模仿壽司師傅的語氣）因為他這麼說了，我就點了比目魚。這時大廚從裡面走出來，『在比目魚上加點梅子會更好吃喔。』（模仿大廚的語氣）我就照做了。真的超好吃的。」

就像這樣，說話者雖然只有自己一個，描述中卻出現了自己、壽司師傅和大廚三個角色的對話。

對著聽眾說話時，像這樣一人分飾多角，就能創造出宛如影像般的畫面，非常清楚易懂。只要養成這種描寫能力，即使面對多人談話，也能輕易讓所有人聽懂。

請試著在對話中模仿登場角色，讓聽眾腦中浮現角色們對話時的場景吧。

閒聊高手技巧

一流的人，
會用模仿對話的方式
說明情境。

✔

透過對話方式，
讓登場角色活靈活現。

說自己的事時

三流的人自顧自地說，二流的人想把事情說得有趣，一流的人會怎麼做？

閒聊時不光是聽對方說，難免也有提到自己事情的時候。但是，如果老是自顧自地說自己想說的事，只會讓對方感到無聊。

另一方面，為了想把事情講得有趣，把事先準備好的一套固定說詞拿出來講，有時也會讓對方受不了。最理想的狀態是，一邊講自己的事，一邊還能讓人自然而然樂在其中。

一流的人即使講的是自己的事，也會使用「彷彿與對方對話一般」的技巧。

比方說，像下面這樣：

「昨天我去吃中華料理，點了小籠包，竟然三十分鐘後才端上桌。這件事你怎麼看？中華料理講求的不就是快速上桌的效率嗎？三十分鐘未免拖太久了吧？可是喔，那籠小籠包好吃到害我差點從椅子上摔下來！你吃過好吃到讓人差點從椅子上摔下來的小籠包嗎？沒有吧？我也是第一次。內餡香甜多汁，我一口氣吃了好幾個！」

不需要對方直接回答這些問題，但仍向對方拋出「你怎麼看（想）？」、「豈不是〇〇嗎？」、「你不這麼覺得嗎？」或「哪有這種事？」之類的問題，**製造出把話題丟給對方的臨場感**。

不是單方面叨叨絮絮自己的事情，而是藉由這些一搭一唱的方式，不時將話題丟到對方身上。如此一來，對方不但不會聽膩，還可能產生兩人正在對話的錯覺。

這是許多知名講者與演講家常用的「單人問答」技巧。

知名講者或演講家通常一次面對兩百甚至三百位聽眾，要是逕自講自己想講的話，聽眾恐怕一下就膩了。

這種時候，就要不時夾雜「各位怎麼想？」、「這種事情要是真的實現了會怎麼樣？」、「各位也有過這種經驗嗎？」或「想不想嘗試看看呢？」等問題。

提出這些問題並非希望聽眾當場回答。這裡的提問，就像丟球給聽眾，也可視為一位講者與台下兩百位、三百位聽眾之間的溝通。這麼一來，會場的氣氛就會熱烈起來。

前幾天我又去聽高田日本購物網的前社長高田明先生，關於企業基本方針的演講。六十分鐘的演講時間裡，他竟然用「單人問答」的技巧提出了十八個問題，差不多三分鐘提問一次。在這個技巧的催化下，會場氣氛果然非常熱烈。

穿插「單人問答」的說話方式，彷彿和對方有問有答似的說下去，就能讓對方在不聽膩的情況下繼續聽你說話。

對話原本是靠一來一往建立起的東西，說話時不妨使用「單人問答」的技巧，給對方「一來一往」的感覺。

閒聊高手技巧

一流的人，
懂得「單人問答」的技巧。

說自己的事情時，
要表現得像是與對方對話一般。

閒聊時間較長時

三流的人沒有特定主題，二流的人找對方感興趣的主題，一流的人會以什麼為主題？

說到閒聊，短則一兩分鐘，長則五分鐘左右，多半不會太長。不過，有時也會需要進行長時間的閒聊。舉例來說，公司聚餐、和鄰居聚會、學習會後的交流時間或聯誼……這些都需要兩小時左右的閒聊時間。

這種時候，該如何炒熱氣氛、帶動話題呢？

首先，請記住以下兩個原則。

①人只想說自己想說的話。
②人只想聽自己想聽的事。

人經常以自我為中心。

請將以下兩個原則帶入閒聊。

①對方想說的話。

②對方想聽的事。

以這兩件事為話題，就能維持長時間的閒聊而氣氛不減熱烈。

光是①的話，短時間或許還撐得住，但頂多就一小時，當時間拉長到兩小時，話題就不夠用了。

這時就要加入②，說些對方想聽的事，又能再繼續拉長閒聊時間。

以前我在跑業務時，曾和一位擔任董事的客戶閒聊。

我在客戶辦公室裡的書架上發現一本自己也讀過的書，就說：「董事，您也讀這本書啊？」客戶似乎對這本書很著迷，迫不及待地聊起和這本書相關的事。

這個話題告一段落後，話題轉變為中年發福。

客戶嘟噥著說：「不知道我肚子上這圈肉啊，能不能瞬間就消失？」於是，我就把自己「消除腹部贅肉的大絕招」傳授給他。

以對方想講的話或對方想聽的事為談話主題，這是當業務的人最重要的事。後來，這位客戶又介紹了十多家不同公司給我。

本公司在全國各地舉辦研習營，但是從來不用主動宣傳，幾乎都靠既定客戶介紹新客戶。閒聊的力量就是這麼大。

你的客戶①想說的話、②想聽的事是什麼呢？

還有，你的主管、同事、朋友或男朋友、女朋友又是如何？

出乎意料的，不知道這兩點的人比想像中還多。

如果不知道對方想說的話或想聽的事，就要**事先打聽好，下次見面時才能多少聊上一點**。不需要打聽到十件、二十件那麼多，只要一兩件事就夠了。事先打聽好一兩件事，光是這樣就能炒熱對話氣氛，一口氣加強對方對你的好感。

如果是對方沒興趣的話題，聊上十件、二十件也無法打動對方的心。但是，只要是自己感興趣的事，人們往往可以聊上好幾小時或聽上好幾小時也不厭倦。

閒聊高手技巧

一流的人懂得以
對方「想說的話」
和「想聽的事」為閒聊主題。

配合對方感興趣的事聊天。

察言觀色

三流的人不懂察言觀色，二流的人配合對方臉色，一流的人會怎麼做？

幾年前日本流行過「ＫＹ」這個名詞，意指不會察言觀色。

雖然現在已經不說「ＫＹ」了，但與「不會讀空氣」、「不懂察言觀色」相關的話題還是很多。

那麼，怎樣才是「懂得察言觀色」呢？我的定義是「讀得出對方內心的表情符號」。

所謂內心的表情符號，意指開心時的內心狀態是(^v^)，普通時的內心狀態是(-_-)，悲傷時的內心狀態是(;_;)。

現在，對方在這裡屬於哪種狀態？是「開心」、「普通」還是「悲傷」呢？如果只是這三種狀態的話，應該不難判斷吧？

舉例來說，在葬禮上的內心狀態應該是(;_;)。

開心喝酒聚餐時的內心狀態應該是(^v^)。

一個在開心喝酒的聚餐場合散發(-_-)氛圍的人，就會被說是不懂得察言觀色的傢伙。

與人閒聊時，如果察覺對方內心的狀態是(-_-)，表示對方可能對這話題不感興趣。若對方持續在(-_-)狀態很久，不妨說「對了，〇〇啊……」像這樣改變閒聊主題。

如果對方內心的表情符號是(;_;)，就要注意自己是不是只顧著說自己想說的話，或是滿嘴自我炫耀。這種時候，請一邊告訴對方「不好意思，我只顧著講自己的事情，因為您聽得太認真了，我忍不住一直講下去……」一邊另起話題吧。

假設你聚餐遲到，抵達時發現大家內心的表情符號都是(-_-)，這時該如何是好？當大家內心的表情符號都是(-_-)時，表示聚餐氣氛可能不太熱絡，如果你能以(^v^)狀態加入聚會，並讓身邊的人也進入(^v^)狀態，大家必定會對你刮目相看。

有個簡單的方法可以當場讓氣氛變成(^v^)，那就是「你的笑容」。因為**情緒是會傳染的**。

公司最近業績不太好，去上班時，職場氣氛總是一片凝重。相反地，生意興隆的居酒屋，走進去的瞬間便有一股熱烈氣氛迎來，店員也都笑容滿面，讓上門的客人跟著開心起來。

要是聚餐時的氣氛凝重，你就率先露出笑容吧。不用特地說什麼逗趣的話，只要帶著笑容聽大家說話或問其他人問題，笑著幫大家分裝菜餚，或是哈哈大笑，這種開心的情緒就會傳染給大家。

一九二五年出版，至今仍受廣大讀者喜愛的《論幸福》一書作者阿蘭（Alain）說：

「不是因為幸福才笑，而是笑了所以幸福。」

這是真理。

周遭氣氛低沉就試著讓大家開朗起來，如果有人陷入悲傷，自己就也跟著一起傷感。一流的人懂得察言觀色，然後採取行動。

閒聊高手技巧

一流的人，會視現場狀況改變氣氛。

✔

察言觀色，然後採取行動。

聚餐時

三流的人態度被動，二流的人拚命想炒熱氣氛，一流的人會怎麼做？

你在聚餐等場合之中，通常擔任什麼角色？

公司的聚餐、和朋友的聚餐、不同業界的交流餐會、喝喜酒的續攤……世上有各式各樣的聚餐，有人不管參加何種聚餐都扮演聆聽者的角色，有人在任何聚餐場合都是引人矚目的主角。

可是，一流的人會「視現場氣氛」改變自己擔任的角色。

比方說，聚餐氣氛已經很熱絡了，他就會拚命聆聽別人說話。假使氣氛變差了，他又會積極接下帶動氣氛的任務。原本氣氛熱烈，突然安靜下來，產生沉默時刻時，他又會主動聊起自己的事。一流的人，就像這樣**配合現場狀況，變幻自如地改變**

當下應該扮演的角色。

那麼，要怎麼做才能正確察覺現場的狀況與氣氛，扮演正確的角色呢？有個簡單的方法。首先，聚餐上的角色不外乎以下三種：

①主持的人。
②講話的人。
③聆聽的人。

①主持的人會用眼神觀察全體，適時丟出話題或提出問題，留心每個人是否都有食物與飲料，掌控全場讓大家都感到自在舒適。以電視節目來說，就是稱職的主持人。

②講話的人是主導現場氣氛的人。他會自己製造話題或提供其他人話題，讓閒聊過程不冷場。

③聆聽的人反應佳，懂得適時給予反饋，善於傾聽。

一到聚餐會場，就要先精準判斷今天「誰是①主持的人，誰是②講話的人，誰是③聆聽的人？」接著，自己填補當下還空著的位置，扮演還沒有人扮演的角色。這麼一來，每個角色都能發揮機能，讓在場所有人感到「今天怎麼這麼開心」。

聚餐時是不是經常有人問「那個○○今天沒來嗎？」這位○○必然是能讓眾人安心的一流人士，若是他沒出現，大家就會有點不安。

我想，這位○○不只是講話風趣幽默，一定還很懂得配合現場氛圍扮演不同角色，營造出最適切的聚餐空間。

在我認識的人中，有位一年營收好幾百億的超級經營者。他平常總是眼神嚴肅，語氣凝重。然而，一旦發現現場氣氛低落，就會立刻講起老頭冷笑話或黃色笑話炒熱氣氛，和平時的他判若兩人。

比起「自己想怎樣」，一流人士即使在聚餐場合，也會把重點擺在「當場該做什麼才最適當」，為當下的場合做出貢獻。

閒聊高手技巧

一流的人
判斷得出當下該扮演的角色。

✔

扮演還無人扮演的角色，
才是最適合當下的事。

CHAPTER

5

如何討對方喜歡

姿勢

三流的人背對對方，二流的人看著對方，一流的人會用什麼朝向對方？

說話的時候，該用什麼朝向對方？

比方說，轉頭不看對方的話，對方應該很難跟你對話。那麼，如果只有視線朝向對方，身體朝向側面呢？又或者，對方只有頭轉過來，身體正面仍對著電腦，這樣好像也很難跟他對話，因為有一種只想敷衍了事的感覺。

比起談話內容，閒聊時最重要的是當下氣氛，換句話說，就是要營造讓人自在暢談的氛圍。那麼，一流的人在閒聊時，會用身體的哪個部位朝向對方？

答案是──「腹部」。日語中有許多與「腹部」相關的詞語，像是表示坦白的「腹を見せる」，表示毫不掩飾的「腹を割って話す」，表示不懷好意的「腹黑

い」……等等。腹部對人類來說，是極為重要的身體部位。

肚子裡有腸子，腸子除了吸收養分，還具有將不重要的東西排出體外的排泄作用。腸子要是停止蠕動，人類就會死亡。

肚子裡還有丹田，丹田收納最多人體的「氣」。

女性的子宮也在腹部。

就像這樣，肚子裡有非常多人體重要的器官。

將這超級重要的身體部位朝向說話的對象，一定能讓對方感到安心。腹部朝向對方也代表「我沒有敵意」。

經常看到嬰兒呈現露出肚子的睡姿，那是一種完全沒有防備的狀態，也就是手無寸鐵。露出腹部，可以創造出安全安心的空間。

著名的「馬斯洛需求層次理論」（Maslow's Hierarchy of Needs Theory）（注），將需求分為五個層次。

對人類來說，最迫切的需求是食慾、性慾、睡眠慾等「生理需求」。

第二重要的是安心生活，不會遭遇危險，想從不安中逃離的「安全需求」。根據馬斯洛的說法，**人對安全的需求強烈，不遜於生理需求**。

閒聊時，第一件事就是將腹部朝向對方。如果對方本來就在自己正對面，腹部自然會朝向對方。不過，像是並肩站在電梯裡的狀況，彼此視線都朝向正面（電梯門的方向）時，就要稍微轉身讓腹部朝向對方。這麼一來，給人的印象將截然不同。

若是四個人圍著桌子閒聊，另外三人分別坐在自己面前、自己斜對面和自己旁邊。這種時候也一樣，和面前的人說話，腹部自然朝向他。轉而跟斜對面的人說話時，就要稍微挪一下臀部，讓腹部朝向這個人。跟坐在旁邊的人說話時，又要再挪一下臀部，讓腹部朝向他。

視線的方向當然也很重要，但最重要的還是腹部。

開始閒聊時，請一定要讓對方看見自己的重要部位，才能創造令對方感到安心的空間。

注／由美國人本主義心理學家亞伯拉罕•馬斯洛（Abraham Maslow）提出，五個層次分別為：生理需求、安全需求、社交需求、尊嚴需求、自我實現需求。

閒聊高手技巧

一流的人，
用腹部朝向對方。

✔

為對方提供得以安心的空間。

肢體語言

三流的人說話不帶動作，二流的人說話帶大動作，一流的人會怎麼做？

在日常生活溝通中，除了言語之外，也經常使用肢體語言。

舉例來說，用手指向某樣東西，表示「幫我拿那個」。臨別之際揮手表示道再見。一邊聽別人說話一邊點頭也是肢體語言的一種。我們時常像這樣，下意識地使用肢體語言，透過肢體語言表情達意。

閒聊也是如此。自己說話的時候，對方如果毫無動作，說起話來也很尷尬吧。因此，我們在對話時總是下意識做出一些肢體語言。

話雖如此，閒聊時肢體語言過度誇張的人，也會讓人有點受不了，或許可以說是反應過度。

例如，「昨天我一直覺得腳下怪怪的，低頭一看，原來穿了左右兩邊不同顏色的襪子。」說了這番話後，對方說「喔！超好笑！太強了！簡直是奇蹟！」做出如此誇張的反應，也挺教人困擾的吧。

一流的人懂得使用「最恰當的肢體語言」。

最恰當的肢體語言，就是能讓對方順暢表達的肢體語言。重點在手的動作。

比方說，聽對方說話時把手交叉盤在胸前的肢體語言，多半帶有警戒的意思。手肘靠在桌上的肢體語言則是感覺無聊的證據。

美國前總統川普有個常做的手部肢體語言，那就是手指朝下的動作。有人說，這個動作帶有「突顯自己立場地位較優越」的意思。

反之，握手這個肢體語言又代表什麼意思呢？握手的由來有許多說法，其中一個說法是，人類最早開始握手，是為了「顯示手中沒有武器」，也就是友善的證明。

手部動作往往透露人類的心理。閒聊時也是如此。請適度地用手部肢體語言表示「可以放心說話沒關係喔」或「我不會對你造成威脅」，這麼一來，就能製造讓對方安心說話的空間。

具體來說，打開手掌就是其中一種方式。**出示手心和握手一樣，帶有「手中沒有武器」的意涵，可向對方傳達「安全」的訊息**。

知名講者經常朝聽眾張開雙手，這代表著說話時開放、公開的態度。

魔鬼藏在細節裡。

遇到「和這個人說話真自在」的對象時，請務必觀察對方的手部動作。一流的人連這麼細微的肢體語言都很講究，為的就是給談話對象一個舒適自在的空間。

閒聊高手技巧

一流的人，
用手部肢體語言
打開對方的心。

運用雙手，
打造安心、安全的空間。

自我揭露

三流的人完全不自我揭露，二流的人揭露百分之百的自我，一流的人如何自我揭露？

各位聽過「自我揭露的法則」嗎？

無論是自己的優點或缺點都坦然告知，解除對方的警戒心，使對方更願意相信自己。

比起老是把「我很厲害吧」掛在嘴上炫耀的人，老實說出「其實我也有這麼糟糕的一面」，坦然面對缺點的人更讓人安心。

此外，自我揭露也符合互惠原則。

舉例來說，

「我學生時老是考不及格，頭腦很差。」

自己先這麼坦白後……

「其實我也完全沒在唸書……」

對方也比較容易說出他的糗事。

「最近我開始上健身房，只是第一次去就閃到腰，醫生勒令我不准再去了。」

如此自我揭露後……

「閃到腰嗎！我以前也閃到腰過……」

就像這樣，對方多半也會自我揭露一番。

因此，可以說擅長自我揭露的人，也擅長促使對方自我揭露。

試著把這個法則套入閒聊。

完全不自我揭露的人，讓人難以搭話。反過來說，百分之百的揭露自我，又會被認為是個只想講自己事情的長舌鬼。

閒聊注重有來有往與相互共鳴，因此最理想的狀態是「相互自我揭露」。說得具體一點，就是**我先自我揭露一件事，也請你自我揭露一件事**。接著再換我揭露一點，然後你再揭露一點。享受這種慢慢露出彼此手中底牌的感覺吧。

與對方始終保持適度的距離，製造一個方便對方自我揭露的狀況。

對方會有不想自我揭露的時候，反過來說，也會有主動想自我揭露的時候。該怎麼做才正確呢？

正確答案只能從對話中摸索與感受。

一流人士肯定擁有豐富的感受能力，善於觀察自己與對方的距離。若能彼此逐步自我揭露，就證明距離正在慢慢拉近。

想磨練自己的感受能力，首先必須主動揭露自我，再觀察對方的反應。

閒聊高手技巧

一流的人，
懂得一點一點自我揭露。

打造自己和對方
交互自我揭露的氛圍。

與長輩接觸的方法

三流的人不去討對方喜歡，二流的人強調自己的工作能力，一流的人會怎麼做？

各位身邊也有不知為何廣受疼愛，不管做什麼都會被原諒的討喜角色嗎？

我至今見過許多年輕一輩的經營者，其中一路走來始終成功的人，多半很受長輩喜歡，也很擅長借助別人的力量。

總是孤軍奮戰的人，再怎麼努力也有極限。因為一個人能實現的程度有限。相較之下，那些**令人產生「想助他一臂之力」或「想支持他」念頭的人，往往比較容易受到長輩關照、疼愛及協助，在長輩的幫助下持續事業有成**。

那麼，會受到長輩疼愛的是哪種類型的人呢？

A：工作能力強，每件事都做到完美，沒有一絲弱點的人。

B：工作能力雖強，有時卻少根筋的人。

受長輩喜愛的，毫無疑問是B類型的人。

努力工作是必備條件，但是不知哪裡少根筋，讓人忍不住想吐槽「工作能力雖強卻有點脫線」的人，反而更加討喜。

換句話說，就是要刻意暴露弱點。

以「狗」為例。

比起咬住什麼就死不鬆口的杜賓狗，躺著露出肚子睡覺的吉娃娃是不是更可愛？這就是我說的暴露弱點，讓人安心伸手去撫摸牠。

綜藝搞笑的世界亦是如此。像是出川哲朗先生或上島龍兵先生等長年活躍在電視上的搞笑明星，明明沒有得過任何搞笑大賽的獎項，卻一直有節目可上。

這是因為，站在主持人的立場，只要有出川先生或上島先生在，就算講了不好笑的笑話或氣氛變得尷尬了，他們也能全盤接收，給人莫名的安心感。

在溝通這檔事上，「安心」是基礎中的基礎。

平常工作能力出眾的年輕經營者，忽然對長輩說出「○○先生，我有件事想找您商量，其實我朋友很少……」像這樣在長輩面前坦承自己也有缺點。這麼一來，長輩可能會說「這樣啊，那我介紹△△給你吧。」

相反地，老是擺出一副「我人面很廣」模樣的人，絕對不會獲得任何介紹。

一流人士深知這一點。

因此，他們懂得刻意坦承自己的缺點、暴露弱點，接受長輩「修理」。此外，聽到長輩講大叔冷笑話時，他們又會盡全力吐槽。萬一長輩說的笑話不好笑，他們還是會全盤接收。於是，長輩也認為「有你在就放心了」，對他們疼愛有加。

閒聊高手技巧

一流的人
會故意暴露缺點。

工作能力雖強，
也要偶爾展現脫線的一面。

與長輩
閒聊

三流的人畏縮不敢言，二流的人一味拍馬屁，一流的人會怎麼做？

和年齡相差十幾、二十幾歲的人談話時，是否常苦於沒有適當的話題？彼此身處不同世代，知識和經驗也大不相同，不知到底該說什麼才好，結果往往陷入尷尬的氛圍。這種時候，如果只是說些漂亮的場面話或拍馬屁，會讓對方留下「這傢伙不過隨口說說」的印象。

那麼，和年長者該怎麼說話才好呢？

答案是——向他們求教。

上位者指導下位者是人類的本能。

舉例來說，公司裡的前輩會去指導新人怎麼泡茶，小學裡的高年級學生會去照顧低年級學生，有弟弟的人會無條件疼愛自己的弟弟。

江戶時代，據說日本全國有多達六萬所私塾。這些名為「寺子屋」的私塾教師幾乎都以義務形式，教導孩子們讀書寫字打算盤。

前輩不會因為教了新人泡茶就加薪，在「寺子屋」義務教孩子讀寫算術的老師也賺不到錢。然而，就像傳宗接代與金錢無關，人類天生帶有「上位者要將經驗傳承給下位者」的基因。

「人類天生有傳承的欲望」，只要先理解這一點，就能看見與年長者談話時的訣竅。

舉個與主管談話的例子：

比起「○○先生知識很豐富呢！」

「○○先生知識很豐富呢，要怎麼樣才能累積這麼多的知識量啊？」不如像這樣向對方求教。

和經營者談話時：

比起「〇〇社長做什麼都很積極呢！」

「〇〇社長做什麼都很積極呢！為什麼您總是能保持這麼積極的態度，您的動力來源是什麼？」不如像這樣向對方求教。

關鍵字是「怎麼做」、「為什麼」。

公司前輩與後輩分享「我前幾天參加研習，學到了〇〇」時，如果後輩說「啊，那個我也在書上讀過」，前輩應該就不會繼續講下去了吧。

主管與部下之間的談話也一樣，對主管來說，拚命做筆記、虛心求教的部下一定討喜多了。

和年長者說話時，請多多使用「要怎麼做才能像您那樣？」、「為什麼能這樣？」或「方便再詳細教我一些嗎？」引出前輩們的經驗值，增加自己的學識涵養。

閒聊高手技巧

一流的人懂得求教。

✔

提出引出對方經驗值的問題。

如何與不喜歡的主管相處

三流的人盡可能不靠近對方，二流的人只在談公事時靠近對方，一流的人會怎麼做？

任誰都有不喜歡的對象。例如態度蠻橫，不易攀談的對象，或總是在說教的人。其中，「不喜歡主管」的人應該不少。

心理學中有一個叫做「重複曝光效應」的現象，指的是**接觸次數愈多就愈有好感**的原理。

的確，比起初次見面的對象，見過幾次面的人比較好說話，也容易產生好感。

然而，按照這個理論，我們應該也對每天見面的主管抱持好感才對，現實卻不是如此。這是因為，比起接觸次數帶來的好感，令人排斥的部分更大。

那麼，該如何克服這種排斥呢？

答案是，從「平日的對話內容」找尋線索。

和主管接觸的次數雖然多，對話內容一定都是公事。主管的家庭成員、嗜好、喜歡吃的東西、最近迷上什麼……關於這些，身為部下的人幾乎什麼都不知道吧？

假如那個總是一臉凶神惡煞，態度高壓的主管，其實家中有老父母需要照顧，而且太太已經過世，靠他自己一個人扶養獨生子，每天早上得先煮早餐給孩子吃，伺候父母起床後才能到公司上班，每天還加班到很晚才回家，只能利用週末假日打掃洗衣，連一天也無法放假。得知這些內情後，部下對待主管的態度是否也會改變？

資訊情報量不足時，人就會感到不安。反過來說，只要獲得足夠的資訊情報就會安心。

為什麼遊樂園的鬼屋讓人害怕？因為不知道黑暗中會跑出什麼來，這正是對「資訊情報量不足」的恐懼狀態。

和外國人講話時，在完全不知道對方是哪國人，也不知道對方正在做什麼的狀態下無法安心對話。相反地，只要得知關於對方的種種資訊情報，就能聊各式各樣的話題。

回到和主管的對話。

為什麼和討厭的主管即使每天見面感情還是那麼差？這是因為，除了公事之外，你對主管一無所知。

想了解主管，公司聚餐就是絕佳機會。

不如借助酒精的力量吧！

「〇〇先生，您家中有幾口人啊？」

「您最近有什麼沉迷的嗜好嗎？」

請試著這樣問主管看看。

或許有人會說「這種話很難問出口……」首先，請先向對方說些關於自己的事吧。即使是合不來的主管，只要心中有「想和主管建立良好關係」或「建立良好關係，在沒有壓力的狀況下上班」的念頭，最好一點一點拿出真心，彼此說出內心真正的想法，交換關於自己的資訊情報，安心地建立關係。

「安心」是人際關係的基礎，請先試著一點一滴交換彼此的資訊情報吧。

閒聊高手技巧

一流的人
會對彼此拿出真心。

✔

得知對方的資訊情報，
就能感到安心。

CHAPTER

6

如何給人留下好印象

留下印象

三流的人過度宣傳自己，二流的人低調宣傳自己，一流的人會怎麼做？

能言善道、學歷高、在大企業工作、充滿自信。乍看之下明明完美無缺的人，卻不知為何無法讓人產生「下次想再跟他見面」的念頭，你是不是也曾遇過這樣的人？

此外，我們也經常看到為人親切認真，明明是個好人無誤，但就是無法被他吸引的人。為什麼會這樣呢？只要分析人類的大腦就能得到答案。

人類有著「對變化起反應」的大腦構造。

電影情節就是很好的例子。你會想看一部主角從頭到尾一帆風順的英雄電影嗎？那種電影一點也不有趣對吧？電影情節總是主角一開始承受失敗，跌到谷底，遍體鱗傷，接近尾聲時才突飛猛進，獲得成功，這樣的電影有趣多了。

電影情節大抵不脫「從失敗到成功」的變化模式。

假設超市裡正販售一盒一百圓的雞蛋。與其寫著「一盒一百圓」，不如寫成「原價兩百，只有今天特價一百！」銷路更好。即使賣價同樣是一百圓，人們就是會對從兩百圓變成一百圓的「變化」產生反應。

知名將棋棋士羽生善治先生下的棋非常有趣。

羽生先生與人對戰時，前半場經常被對手打得落花流水，然而到了後半場，他會下出沒人想得出的可怕招數，反敗為勝。這正可說是從「落花流水」到「大獲全勝」的精彩變化。

人類會對變化產生反應，遇到唸經一般毫無變化的狀態則昏昏欲睡。

那麼，把這個道理套用在閒聊上又是如何？

各方面都優秀，不只頭腦看上去很好，還相當能言善道。這樣的人因為沒有變化，所以無法讓人留下深刻印象。相較之下，看似優秀頭腦好的人，一開口講話卻傻傻的，這樣的人反而更有魅力。

我見過各式各樣的經營者，愈是事業成功的社長，從前愈可能是個失敗的業務員，或是把自己被女人欺騙或曾經申請破產的事當玩笑話，講得滑稽逗趣。

相反的，看似傻氣的人，偶爾講出充滿學術性的智慧言論，也會給人「咦？怎麼跟印象中不一樣」的感覺。

看到鎮上最壞的不良少年蹲在路邊餵野貓時，是不是會有點怦然心動？

想讓對方留下印象，關鍵就在「變化」，也就是「前後落差」。

外表冷豔的人，笑得整張臉都皺在一起也很好；總是笑咪咪的人，偶爾露出嚴肅的眼神，也會令人心頭小鹿亂撞。

愈是一流人士，愈懂得製造落差吸引對方。他們徹底研究過這方面的事。

平常別人眼中的自己是什麼樣的人？要從平日自己給人的印象中製造落差又該怎麼做？請務必試著如此自我分析看看。

閒聊高手技巧

一流的人
懂得呈現落差。

✔

出乎別人意料，就能留下印象。

留下記憶

三流的人沒有特色，二流的人以「萬能角色」留下記憶，一流的人會以何種角色留下記憶？

你在別人心目中，以什麼樣的角色留下記憶呢？

忽然被問到「以什麼樣的角色留下記憶」，各位或許感到突兀，但這是非常重要的事。和對方道別後，對方會以什麼樣的方式記住你呢？

是那個「總是哈哈大笑的角色」嗎？還是比任何人都有反應的「反應很大的角色」？又或是擅長不停提問製造對話的「發問角色」？

最難讓人留下記憶的就是「不出錯的角色」。

舉個例子，請各位想想蔥。各種料理都能搭配的萬能青蔥，給人的印象卻沒有九條蔥那麼深刻。九條蔥甜度高，口感清脆，就算不搭配其他菜，九條蔥本身就可以是一道料理。價格雖然是一般青蔥的三倍，九條蔥硬是值得這個價錢，就算貴三倍也賣得出去。

以前有人帶我去新宿二丁目的人妖酒吧。

在那裡，我請教了最受歡迎的紅牌，成為紅牌的訣竅是什麼。

得到的回答是——「這很簡單啊，只要在乾杯或料理上桌的時候喊『哇～』、『耶～』、『喔～』就好了啊。」

就這樣？我很意外，然而仔細想想，酒吧裡確實不時遇到乾杯或料理端上桌的時刻。

光是每次都發出「哇～」、「耶～」、「喔～」的歡呼，就能當場炒熱氣氛。這麼一來，周遭的人也會留下「只要有她（他？）在氣氛就很熱烈」的印象。

任何東西端上桌時都發出比所有人更熱烈歡呼的角色，拚了老命炒熱現場氣氛。紅牌告訴我，「這就是**哇～耶～喔～的法則**唷」。

特別突出的地方，在我們的課程中稱之為「優勢」。**一流的人必定有其特別突出的優勢。**

以前我曾見過一位旗下擁有一百家分店的居酒屋經營者。

我問：「拓展一百家分店的祕訣是什麼？」

他想也不想地回答：「大聲打招呼。」

比誰都充滿活力，主動開朗地打招呼。無論對方是部下還是朋友，是小孩還是父母。

「說到大聲打招呼就想到這個人」，就是這位經營者特別突出的優勢。

或許會有人批評那是標新立異。然而，成功者不會糾結這種事，只會不斷嘗試挑戰。**挑戰有成功也會有失敗，只要挑戰的次數多了，就能磨練出實力，走上通往成功的道路**。這就是成功人士的模式。

你或許認為選擇不出錯就不會有風險。但是，那樣也無法讓人留下記憶。

優勢太強烈時，當然會有招人厭惡的時候。同時，強烈的優勢也可能為你招來支持者。只找出一項也好，請試著發掘自己不輸給任何人的優勢，為自己塑造留在他人記憶之中的角色吧。

閒聊高手技巧

一流的人，
會以獨一無二的角色
留在別人記憶中。

✔

留下足以為自己
帶來支持者的強烈震撼。

最後一句話

三流的人只說「那就這樣」，二流的人會加上「今天很開心」的感想，一流的人會說什麼？

與人道別時，經常會說「那就這樣囉」。

可是，光是這樣還不夠。在這句話之前加上一句「今天很開心」或許是個好主意，不過，一流的人對臨別時的最後一句話更加講究。

俗語說「最後結果好就好」，即使中間曾經失言，或是氣氛變得尷尬，只要臨別之際這句話說得好，就能扭轉一切不好的印象。

各位與人道別時，最後一句話會說什麼呢？

在進入正題前，請稍微回想一下平日的對話。

比方說，你打算稱讚個性開朗的後輩。

這時你會說：「〇〇總是這麼開朗呢。」

還是會說：「〇〇打招呼時總是朝氣十足，讓人聽了心情很好喔。」

再假設，你和一位經營者聚餐。

結束後你會說：「今天聊得很開心，非常謝謝您。」

還是會說：「今天您提到創業時的辛苦事蹟，讓我學到很多。下次請再與我分享。」

前者和後者的差別就在「抽象與具體」。**比起前者的抽象說法，後者的具體描述一定能讓聽的人心情更好**。

以具體的描述表達自己的想法，帶給對方的是「這個人有好好聽自己說話」、「這個人有好好把自己看在眼中」的心情，等於滿足了對方得到認同的欲望。

與人閒聊之後，臨別時，請從談話內容中具體舉出一項閒聊的內容。

假設閒聊時曾聊到關於旅行的事。

「〇〇提到的旅行話題帶給我很大的刺激，下次請一定要再跟我分享喔。」

又或是閒聊時提到最近很累的話題。

「○○，至少明天一定要早點下班回家休息啦！」

以前，我曾和一位剛出社會第一年的新鮮人喝茶聊天。

我們聊了些蠢話，也聊到工作上的事，大概聊了一小時，都是些無關緊要的小事。無關緊要到我根本不太記得閒聊的內容。但是，在我們閒聊時，對方不時拿筆寫下什麼。到了臨別之際——

「桐生先生，我對您今天提到教育業界的事非常有共鳴，下次請務必再與我分享。」他這麼說。

我驚訝地問：「咦？我有提到這些事嗎？」可是，既然他都這麼說了，我也覺得很高興，到現在都還記得這件事，甚至像這樣寫進了書裡。

希望別人記住自己，需要的是具體而微的事件。就當作是臨別之際的美學，試著實際提出一項「今天聊到的內容」吧。光是多提這麼一句話，將可能為彼此搭起重要的橋樑。

閒聊高手技巧

一流的人，
會以具體的描述
讓別人記住自己。

致力於臨別之際的一句話，
讓對方湧現還想再次見面的心情。

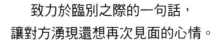

爭取再次見面機會的訣竅

三流的人只會普通地說「再見」，二流的人會取得再次見面的約定，一流的人會怎麼做？

「只見過一次面卻還想再見的人」與「不會想再見的人」，兩者的差別在哪裡？

若是能在簡報、商談或聯誼時增加「想再跟你見面」的機會，一定能大大拓展你的人際關係。

那麼，讓別人下次還想和自己見面的方法是什麼？臨別時很普通地說「再見」一定不行吧？為了讓別人還想和自己見面，這裡要使用的是「時近效應」。

時近效應由美國心理學家N・H・安德森所提倡，簡單來說，就是**「人容易受最後獲得之資訊情報影響」**的效果。

舉個例子，電影在「最後五分鐘出現令人震撼的結局」。只要最後五分鐘迎向令人意料不到的結局，在那之前的內容無論多無聊，留在觀眾腦中的都是最後五分鐘的強烈印象，看完電影後還忍不住想找人討論。

將同樣的效應套用到人際關係上，**臨別之際給人強烈的印象，將會大大影響到之後的關係進展**。要在臨別之際留下強烈印象，有一個很好的方法，那就是在對方腦中製造「空白」。換句話說，臨走前留下一句讓人好奇後續的「詞句」。

「希望還有機會再見面」，這樣的詞句無法製造空白。

不如換個說法試試：

「記得你說過喜歡吃青皮魚吧？新宿有家專門賣青皮魚的店很有名，下次我們再一起去吃。」

這麼一來，你臨走前就在對方腦中留下「有名的青皮魚專賣店」這個空白了。雖然不知實際上有沒有機會跟對方一起去吃，但他絕對會一直惦記著這件事。這是因為，人類的大腦討厭空白。

「沒想到，這次竟然準備了三樣獎品！第一樣是五千圓商品禮券，第二樣是迪士尼樂園雙人門票，第三樣……抽到就知道了！」

要是被這麼一說，一定非常想知道第三樣是什麼吧？

以前，由偶像團體TOKIO擔任主持人的電視節目，有個單元叫「玩真的擂台俱樂部」，每次進廣告前旁白都會說「之後將有意想不到的結局！」當「意想不到的結局」這個空白製造出來後，觀眾就會好奇得不得了。結果，整個廣告時間都讓人無法轉台了。

讓人「下次還想跟你見面」的訣竅，就是「在對方腦中製造空白」。

接著，再活用人類想填補空白的心理，做出「宣傳詞句」（令人在意、好奇、難以忘記的詞句）。當場說出宣傳詞句不是一件容易的事，建議可以配合當天場景及狀況，事先想好幾句備用。久了之後，當場即興發揮也不是問題。

一流的人深知緣分的重要，懂得延續一次的緣分。為了不讓緣分中斷，隨時都以預告宣傳的方式鋪路。

閒聊高手技巧

一流的人，
懂得在對方腦中製造空白。

✔

準備好令人好奇的宣傳詞句。

臨別之際

三流的人輕輕點頭示意，二流的人深深鞠躬敬禮，一流的人如何目送對方離去？

「就差一、兩秒了，真可惜……」談完生意離去時，看著站在電梯前送客，不等電梯門完全關上就抬起頭的人，或是電梯門還沒完全關上就轉身回辦公室的人……我經常這麼想。

照理說，低頭送客直到電梯門完全關上才能完整表達感謝之情，他們卻在電梯門完全關上之前就做出了下一步的動作。難得先前相談甚歡，最後這一瞬間的行動，卻打壞了自己在客戶心中的形象。

相反的，臨別之際徹底遵守禮儀的企業，給人的感覺就非常好。

以前我曾受邀前往一家營業額超過一兆日圓的老牌企業演講。演講結束後，負責的窗口送我到公司門口。我向對方致謝後走出大門，向前走了幾步後來到一個轉角，當我正要轉彎時，不經意回頭朝大門方向望去，沒想到，那位窗口竟然還低著頭站在那裡。

不愧是營業額超過一兆日圓的傳統企業，進公司時的研習做得很徹底。

另一個是我出差時的例子。

當時我在住宿的某間飯店門口，請飯店人員幫我叫計程車。搭上計程車，往前行駛一段距離後，我好奇地回頭看了看飯店門口。這時，我看見飯店人員仍彎腰低頭恭送我離開。

從此之後，我就成了這間飯店的常客。

前一篇文章提到臨別時可利用「時近效應」給人留下深刻印象，在最後一刻若是能留下好印象，對方一定會記住你，也還會想再和你見面。

我有個朋友，是在保險業界號稱排得上世界前幾名的保險業務。

每次離開客戶公司，就算客戶已經不在門口了，他也會對著大門深深一鞠躬，滿懷感激地說：「今天很榮幸見到您，非常感謝您的招待。」然後才離開。

在電梯門前行禮送客，直到電梯門完全關上為止。

送客時，要送到完全看不到客人身影為止。

和朋友道別時，用力揮手直到看不到朋友的身影。

做這些事只需要一點點時間。

就是這一點點時間，將大大影響別人之後對你的印象。

正可說是魔鬼藏在細節裡。

臨別之際，請記得花一點時間對每一次的相遇表達感謝之情。

閒聊高手技巧

一流的人，
就算看不到對方
也要表達感謝之情。

✔

臨別之際的小小努力，
能夠留下深深的印象。

CHAPTER

7

閒聊高手的心態

對對方的興趣

三流的人不感興趣，二流的人勉強自己感興趣，一流的人會怎麼做？

至今已有三萬人參加過我主辦的「Motivation & Communication」學校課程，很多人告訴我們「自己無法對他人產生興趣……和對方聊不起來……」，其實這是難免的事，想知道為什麼嗎？

請聽我解說。

現在你身邊的人當中，真正讓你感興趣的人有幾個？比方說，現在你隸屬一個有八位員工的部門，這八人當中，你真正感興趣的有幾人？

老實說，能有一個就算不錯了對吧？

再舉個例子，參加五人對五人的聯誼，會遇見幾個讓你超級想認識的對象？一樣是能有一個就不錯了吧？不太可能五個都是你超級想認識的類型。一般來說，能遇到自己真正感興趣的對象還比較難。

那麼，該怎麼做才能在聊天時對對方產生興趣，讓對話有所進展呢？

答案是——你得秉持「好奇心」。

比方說，即使自己對釣魚沒興趣，也願意聽人聊聊釣魚的話題，增加自己沒有的知識，這就是滿足好奇心的行為。

要是能做到這樣，下次跟其他人聊天時，還可以跟對方說「上次我聽喜歡釣魚的人說……」等於增加了自己閒聊話題的資料庫。

這絕對不是刻意勉強自己對什麼感興趣，只是**發揮「想知道還不知道的事」的好奇心**。提問的時候，不妨把自己當成採訪記者。

「您喜歡釣魚啊！我完全沒釣過。您覺得釣魚最有趣的地方在哪裡？現在最流行的還是釣黑鱸魚嗎？釣魚的人是不是都會準備很多擬餌？」

就像這樣，懷著「想增加新知識」的心情「採訪」對方。

以前曾有一位知名演說家教導我「向別人請教什麼時，要抱著自己也想成為那件事的專家的心情去問」。

舉例來說，跟一位喜歡橄欖球的人聊天，就要聊到日後自己也能與別人暢談橄欖球的地步。像記者一樣準備紙筆，抱著這種心理準備去「採訪」那位喜歡橄欖球的人。這麼一來，對方將會樂於與你分享。

最能展現哲學家蘇格拉底思想的詞彙「無知之知」，意思是**「深知自己的無知，才能讓自己活得更好」**。

秉持好奇心炒熱談話氣氛的同時，也打開了自己積極向上的開關。

閒聊高手技巧

一流的人充滿好奇心。

✔

從別人說的話裡
感受獲得新知的喜悅。

自信

三流的人沒有自信，二流的人以肯定自我的方式培養自信，一流的人如何培養自信？

全國各地都有學員反映自己「不擅長跟人交談」、「面對初次見面的人總是很緊張」。這個問題的根本原因，在於「對自己沒自信」的不安。

「自我肯定」，是經常用來提高自信的技法。

自我肯定的技法，指的是「強調對自我的肯定」，說得具體一點，就是認為「我做得到」、「我可以完成」。

這件事本身非常好。但是，毫無根據地肯定自己一點說服力也沒有，最後還是會恢復「我果然沒用」的想法。

那麼，該怎麼做才好呢？

事實上，仔細去問「對自己沒自信的人」，會發現他們並非時時處於沒自信的狀態，也有能自信暢談的時候。

比方說，聊到自己最喜歡的東西（喜歡的偶像明星、組裝模型的興趣、欣賞電影的嗜好、攝影、甜點……）或從以前就沉迷的事物等話題時，他們就能毫不膽怯地高談闊論。和親密的朋友家人聊天時，應該沒有人會緊張吧。換句話說，他們還是擁有「自信交談的能力」。

既然如此，為什麼有時能與人自信交談，有時又做不到呢？

原因和「有沒有把握」有關。

對自己即將要講的內容有把握時，就能與人自信交談。因此，聊到喜歡的偶像明星或已經持續三十年的嗜好時，當然能夠暢所欲言。只要掌握得到「話題大綱」或「話題進展的方向」，人們就能充滿自信地侃侃而談。

然而，假設突然被要求「針對美索不達米亞文明闡述三十分鐘」，一定會忽然失去自信。因為對美索不達米亞文明了解的不多。

換句話說，就是對美索不達米亞文明沒有把握。

話題回到閒聊。閒聊時多半想到哪裡聊到哪裡，難以預料當場會提到哪些話題。不過，只要運用想像力，還是可以對話題有所掌握。

按照本書敘述的方式展開閒聊、拓展話題、改善問話的方式、正確炒熱氣氛、留下好印象……實踐以上重點並累積經驗，就能大致掌握閒聊的方向和內容，隨時抱持自信與人交談了。

就這層意義來說，希望大家多多活用書中的技巧。

人類最強大的能力就是想像力。想像力無限大，人工智慧再怎麼發達也無法超越人類。想像是自由的，**想像出的世界色彩愈鮮明，愈有可能實現**。

實現想像的第一步，就是全面開啟自己的想像力，想像「今天會聊什麼？」、「和那個人聊什麼最開心？」，發揮想像力，盡情享受與他人閒聊的樂趣吧。

閒聊高手技巧

一流的人
會運用想像力
培養與人交談的自信。

事前掌握交談內容。

自我投資

三流的人不學習，二流的人學習是為了獲得知識，一流的人為何而學習？

我因為職業關係，見過許多經營者，包含自營業在內，已經與超過一千位經營者交談過。

每次與經營者見面，我一定會問的問題是「請問您現在正在學習什麼？」其中，「正在學習怎麼說話」是經常出現的答案。

一般人每天都會說話，或許有人認為，說話這種事沒必要特地去學。但是一流的人可不這麼想。

我們一天說話無數次，透過說話，將自己的想法傳遞給對方，進行溝通。一流的人絕對不會輕視「說話」這件事。所以他們或從書中學習，或參加研習講座，或請教練指導。在美國，商務人士學習演講技巧、接受發聲訓練也是理所當然的事。

一流的人學習的，都是非常普通的事物。

例如「呼吸」，一般人或許會想「呼吸這種事哪需要學習」。但是，呼吸的方式、深淺、節奏都能大幅改變人的整體狀態。學習呼吸與冥想的一流人士非常多。

走路也是一例。不用特別學習也會走路，然而，只要稍微改變走路方式，消耗的熱量也會改變，大大提高減肥成效。

我想說的是，**工作上拿得出成果的人，往往致力於「普通但有價值的事」**。

那麼，閒聊又是如何？

閒聊或許也是普通人都做得到的事。不過，從一開始的寒暄到切入話題的方式、詞彙的增加、聽人說話的態度、反應力等等……光是學習這些，與閒聊對象的關係就能產生很大的不同。

在日常生活中也能學習閒聊的技巧，比方說看電視。

明石家秋刀魚先生經常使用「欸，原來是這樣啊！」、「是喔，然後咧？」、

「結果呢？」、「接下來呢？」等詞彙答腔。當他不斷用這些詞彙答腔，與來賓的對話就會愈來愈熱絡。塔摩利先生的閒聊技巧也很高明，這是眾所周知的事。綜藝節目主持人真的非常會聊天。

我每天早上都會聽廣播節目《早安小寺活動中》，主持人寺島尚正先生的「咦～」有三種不同模式。每天早上，這個節目會請來賓一起聊政治、經濟及各種時事話題，氣氛總是非常熱烈，是收聽率很高的廣播節目。

毫無疑問的，一流人士都是溝通高手。他們**隨時都在研究「怎樣的對話能讓對方打開心房」、「對方想聽的是什麼」及「能讓對方開心的是什麼」**。

大量學習，增加各種知識或許有其必要。然而，本質還是在於「學習有價值的東西」。請務必重視「一般人不用學也辦得到，但卻是有價值的事物」，好好學習，用在自我啟發上吧。

閒聊高手技巧

一流的人學習
是為了在日常中拿出成果。

做平常理所當然做得到的事，
才是自我啟發。

成功的祕訣

三流的人說是天賦才能，二流的人說是堅定意志，一流的人會說是什麼？

成功人士中，有很多人擅長閒聊。「不知為何，看到他的瞬間就敞開心房了」、「和他聊天很開心」、「下次還想見面」，成功人士經常是這樣的溝通高手。

那麼，這類成功人士的共通點是什麼？從成功者們自己說的話中就能窺見端倪。

過去，「重視夢想與目標」、「堅定的意志力」、「遠大的志向」、「夢想的規模」、「豐富的經驗」與「挑戰的次數」等，都是成功人士提過的成功法則。然而，只有一點是每個成功人士一定會提到的。

那就是——「強大的運氣」。

努力與才華當然是必備條件，然而，許多留下成功事蹟的人們，都在自傳中提過「巧合」、「剛好」、「幸運」、「運氣好」等詞彙。

松下幸之助先生有個知名的小故事，就是他在面試員工時，一定會問「你是運氣好的人嗎？」二〇二一年日本NHK電視台大河連續劇《勢衝青天》（青天を衝け）故事主角的澀澤榮一（注）先生，也曾以「好運氣造就好人」來闡述運氣的重要。此外，知名主持人萩本欽一先生的著作《愈失敗愈好運》（ダメなときほど運はたまる）更是榜上有名的暢銷書。

好運無關個人意志力，無論多努力也不一定能獲得好運。好運能讓人們超越自己現有領域，往更好的方向前進。

我所認識的經營者中，有許多曾經罹患癌症，日後奇蹟似的康復；事業大獲成功的人，也有許多遇上九死一生災難，最後完全復活的人。

仔細想想，我自己的運氣也很強。

我的祖父曾參與太平洋戰爭。他搭上從如今北韓會寧出發前往菲律賓的船隻，途中遭遇偷襲。船隻沉沒，船上六百名船員幾乎全部死亡，只有七人奇蹟似地倖存，祖父就是其中之一。他在海上漂流了兩、三天後，被救援隊救起。

這麼一想，我現在能活在這裡也是個奇蹟，只能說是強運了。

罹患癌症康復，擺脫不幸事故，奇蹟似的獲救……如果說只有經驗過這些事的人才稱得上強運，倒也並非如此。人類射精一次釋放一到三億個精子，其中只有一個能抵達卵子，成功受精。我們的生命可以說是幾億精子中唯一倖存的一個，這麼一想，沒有比這更稱得上奇蹟的事。每個人都是幸運的人。

出生這件事本身就是幸運，光是活著就是幸福。明石家秋刀魚先生將女兒取名IMARU，取的正是「光是活著就賺到」的諧音縮寫。能夠做出這種解釋的人，無論是人、資訊情報、金錢還是幸運，一定都會聚集到他身邊。

閒聊也是構成人際關係的重要元素。**比起總是認為「我很不幸」的人，誰都想跟認為「我很幸運」的人說話**。能不能這麼想，就看我們能不能做出「活著本身就是奇蹟」的解釋，並打從心底感謝人生。我認為，這才是豐富人生最大的重點。

注／一八四〇～一九三一，被尊為「日本資本主義之父」，設立第一國立銀行、東京證券交易所等多種企業和理化學研究所。

閒聊高手技巧

一流的人的回答是
「我運氣很好」。

✔

用「活著就是奇蹟」來解釋人生。

熱情

三流的人不燃，二流的人可燃，一流的人如何燃燒？

世界上有兩種人：人們願意聚集在他身邊的人，與人們紛紛敬而遠之的人。

能讓人們樂意聚集的，一定是溫暖又有能量的人吧？

和待在一起也只是陰沉灰暗的人，連閒聊都很難。

「前言」提到過，閒聊就是漫無目的地聊。

「閒」指的是「天南地北，漫無目的」，聊就是「談話」，「談」由「言」與「炎」組成，意味著要為話題點燃一把火。換句話說，即使只是漫無目的地閒聊，也要炒熱當場的氣氛。

這麼一想，比起像根潮濕火柴棒，能夠點燃盛大火焰的人，才能讓周圍的人都想靠近取暖，一起熱鬧。

日本知名企業家稻盛和夫曾創辦京瓷，之後成立KDDI前身DDI，二〇一〇年更一手重振經營破產的日本航空，他就經常把一句話掛在嘴邊。

那句話是「自燃」。他說：「世上有三種人，一種是完全不燃燒的不燃人，一種是被人說了之後才燃燒的可燃人，一種是主動燃燒的自燃人。我們要成為主動燃燒的自燃人。」

那麼，自燃人是什麼樣的人？

成功人士必定具備看出問題本質的「問題意識」。能量值愈高的人，問題意識愈強烈。

稻盛董事長重建日本航空時，一定秉持著強烈的問題意識，看出「繼續這樣下去，不只航空業界，對整個日本的經營都會產生不良影響，因此非得重建日本航空不可。」的問題本質。

所謂問題意識，指的是從現狀與未來的落差中察覺問題。

這種察覺問題的能力愈高，「想做點什麼！」的熱情就愈強烈。這麼一來，就像溫暖的暖爐一般，吸引人們來到他身邊。

套用到閒聊這件事上，認為「反正只是聊些無關緊要的小事，閒聊這種事與我無關」的人，和認為「閒聊能豐盛人際關係，必須透過閒聊與周遭的人建立良好關係」的人，哪一種會對閒聊付出更多熱情？

肯定是後者。

我認為會拿起這本書的人，都具備了對閒聊的問題意識，是「想讓自己更擅長閒聊」、「想讓對話更通暢自然」、「想透過閒聊與周遭的人建立豐盛的人際關係」的人。

這樣的人，**會拚命研究閒聊，將研究成果帶入日常生活的對話，持續嘗試令對方聽了開心的對話。毋庸置疑的，這樣的對話中一定充滿熱情**，而這樣的熱情，就會將人們吸引到自己身邊。

從今天開始，請持續追求閒聊的技巧並加以實踐，藉此培育得來不易的珍貴緣分吧。總有一天，你所說的話一定能改變某人的未來。

閒聊高手技巧

一流的人會自燃。

積極與人閒聊，
與周遭的人建立良好關係。

結語

超高速通訊的「5G」時代來臨。

無人汽車開啟自動駕駛，無人機將貨物運送到家，自動結帳的商店不需要結帳人員，世上各種事都不再需要人力介入。

今後，電視的功能可能會被智慧型手機取代，再也看不到一家團聚客廳看電視的情景。物聯網日益進化，到了能自動從冰箱拿出食材料理的階段，或許孩子們將不再幫忙媽媽做菜，和朋友的對話可能也都逐漸轉移到網路上。

世界變得愈來愈方便的同時，「真實生活中的溝通急速減少」也是不爭的事實。真實生活中的溝通，是指實際上見面，面對面談話，交流情感，直接傳達內心想法的溝通。

我並不是說網路上的溝通是壞事，也認為世界的進化很美好。問題是，真實生活中的溝通完全沒有隨著世界一起進化。

油門和煞車要一起進化，汽車的性能才會更好。同樣的，唯有網路上的溝通和真實世界的溝通同時朝更高的次元發展，人類才有可能形成美好的人際關係、自我認同及文化。

放眼現今日本教育界，學習真實世界溝通的教育環境實在太脆弱。為了彌補這一點，我成立了溝通學校，雖然力量還很微薄，本公司舉行的溝通訓練也已遍及日本全國。

想加強真實世界的溝通能力，該怎麼做呢？

方法就是本書的主題——「閒聊」。

閒聊正是隨時、隨處，無論跟誰都能展開的真實溝通。不需要特別的事項，也不用事先決定談話內容，從一句「最近好嗎？」開始，就能透過閒聊傳達彼此的想法。

閒聊時，最重要的是當下的氣氛。讓人感到自在、開心、雀躍、熱絡、情緒高昂、精神振奮……產生這些正面情緒的力量就暗藏在閒聊之中。

人工智慧愈發達，愈該重視人類內心的情感，現在正是這樣的時代。

請務必善用本書，讓你在真實世界裡的溝通有所成果，與周遭的人建立深厚的人際關係。在本書最後，我衷心希望人與人之間都能發生心靈相通的美好故事。

非常感謝您讀到最後。

桐生稔

ideaman 135

一流、二流、三流的說話術 破冰、交流、拓展人際，跟誰都聊得開的45個訣竅

原著書名——雑談の一流、二流、三流
原出版社——有限会社明日香出版社
作者——桐生稔

譯者——邱香凝
企劃選書——劉枚瑛
責任編輯——劉枚瑛
版權——黃淑敏、吳亭儀、江欣瑜、林易萱
行銷業務——黃崇華、周佑潔、張媖茜、華華

總編輯——何宜珍
總經理——彭之琬
事業群總經理——黃淑貞
發行人——何飛鵬
法律顧問——元禾法律事務所 王子文律師
出版——商周出版
台北市104中山區民生東路二段141號9樓
電話：(02) 2500-7008 傳真：(02) 2500-7759
E-mail：bwp.service@cite.com.tw
Blog：http://bwp25007008.pixnet.net./blog
發行——英屬蓋曼群島商家庭傳媒股份有限公司城邦分公司
台北市104中山區民生東路二段141號2樓
書虫客服專線：(02)2500-7718、(02) 2500-7719
服務時間：週一至週五上午09:30-12:00；下午13:30-17:00
24小時傳真專線：(02) 2500-1990；(02) 2500-1991
劃撥帳號：19863813 戶名：書虫股份有限公司
讀者服務信箱：service@readingclub.com.tw
城邦讀書花園：www.cite.com.tw
香港發行所——城邦(香港)出版集團有限公司
香港灣仔駱克道193號超商業中心1樓
電話：(852) 25086231傳真：(852) 25789337
E-mailL：hkcite@biznetvigator.com
馬新發行所——城邦(馬新)出版集團【Cité (M) Sdn. Bhd】
41, Jalan Radin Anum, Bandar Baru Sri Petaling,
57000 Kuala Lumpur, Malaysia.
電話：(603)90578822 傳真：(603)90576622
E-mail：cite@cite.com.my

美術設計——copy
印刷——卡樂彩色製版印刷有限公司
經銷商——聯合發行股份有限公司 電話：(02)2917-8022 傳真：(02)2911-0053

2022年（民111）1月4日初版
2023年（民112）5月23日初版5刷
定價360元 Printed in Taiwan 城邦讀書花園 www.cite.com.tw
ISBN 978-626-318-076-5

國家圖書館出版品預行編目(CIP)資料

一流、二流、三流的說話術：破冰、交流、拓展人際，跟誰都聊得開的45個訣竅/桐生稔著；
邱香凝譯. -- 初版. -- 臺北市：商周出版：英屬蓋曼群島商家庭傳媒股份有限公司城邦分公司發行,
民111.01 232面；14.8×21公分. -- (ideaman；135)
譯自：雑談の一流、二流、三流 ISBN 978-626-318-076-5(平裝)
1. 說話藝術 2. 人際傳播 3. 溝通技巧 192.32 110018891

廣	告	回	函
北區郵政管理登記證			
台北廣字第000791號			
郵資已付，免貼郵票			

104台北市民生東路二段 141 號 B1

英屬蓋曼群島商家庭傳媒股份有限公司

城邦分公司

請沿虛線對摺，謝謝！

書號: BI7135　　**書名:** 一流、二流、三流的說話術　　**編碼:**

請於此處用膠水黏貼

商周出版

讀者回函卡

線上版讀者回函卡

感謝您購買我們出版的書籍！請費心填寫此回函卡，我們將不定期寄上城邦集團最新的出版訊息。

姓名：________________ 性別：□男 □女

生日：西元________年________月________日

地址：________________

聯絡電話：________________ 傳真：________________

E-mail ：

學歷：□ 1. 小學 □ 2. 國中 □ 3. 高中 □ 4. 大學 □ 5. 研究所以上

職業：□ 1. 學生 □ 2. 軍公教 □ 3. 服務 □ 4. 金融 □ 5. 製造 □ 6. 資訊

□ 7. 傳播 □ 8. 自由業 □ 9. 農漁牧 □ 10. 家管 □ 11. 退休

□ 12. 其他________________

您從何種方式得知本書消息？

□ 1. 書店 □ 2. 網路 □ 3. 報紙 □ 4. 雜誌 □ 5. 廣播 □ 6. 電視

□ 7. 親友推薦 □ 8. 其他________________

您通常以何種方式購書？

□ 1. 書店 □ 2. 網路 □ 3. 傳真訂購 □ 4. 郵局劃撥 □ 5. 其他______

您喜歡閱讀那些類別的書籍？

□ 1. 財經商業 □ 2. 自然科學 □ 3. 歷史 □ 4. 法律 □ 5. 文學

□ 6. 休閒旅遊 □ 7. 小說 □ 8. 人物傳記 □ 9. 生活、勵志 □ 10. 其他

對我們的建議：________________

____

____

【為提供訂購、行銷、客戶管理或其他合於營業登記項目或章程所定業務之目的，城邦出版人集團（即英屬蓋曼群島商家庭傳媒（股）公司城邦分公司、城邦文化事業（股）公司），於本集團之營運期間及地區內，將以電郵、傳真、電話、簡訊、郵寄或其他公告方式利用您提供之資料（資料類別：C001、C002、C003、C011 等）。利用對象除本集團外，亦可能包括相關服務的協力機構。如您有依個資法第三條或其他需服務之處，得致電本公司客服中心電話 02-25007718 請求協助。相關資料如為非必要項目，不提供亦不影響您的權益。】

1.C001 辨識個人者：如消費者之姓名、地址、電話、電子郵件等資訊。 2.C002 辨識財務者：如信用卡或轉帳帳戶資訊。

3.C003 政府資料中之辨識者：如身分證字號或護照號碼（外國人）。 4.C011 個人描述：如性別、國籍、出生年月日。

請於此處用膠水黏貼

Idea man

Idea man